Noveller på Polska

Korta berättelser på Polska för nybörjare och elever på mellanstadiet

Aleksander Zielinski

greenthumbpublishing@gmail.com

Innehåll

Introduktion

Att läsa på ett främmande språk är ett av de mest effektiva sätten att förbättra språkkunskaperna och utöka ordförrådet. Det kan dock ibland vara svårt att hitta engagerande läsmaterial på en lämplig nivå som ger en känsla av prestation och framsteg. De flesta böcker och artiklar som är skrivna för modersmålstalare kan vara för långa och svåra att förstå eller ha ett ordförråd på mycket hög nivå så att du känner dig överväldigad och ger upp. Om dessa problem låter bekanta är den här boken något för dig!

Noveller på Polska är en samling av 25 okonventionella och underhållande noveller som är utformade för att hjälpa nybörjare och elever på mellannivå Polska att förbättra sina språkkunskaper.

Dessa noveller skapar en stödjande läsmiljö genom att innehålla:

- Ett rikt språkligt innehåll i olika genrer som underhåller dig och ger dig en mängd olika ordformer.
- Kortare berättelser i kapitel för att ge dig nöjet att avsluta berättelser och göra snabba framsteg.
- Texter som är skrivna på din nivå så att de är lättare att förstå och inte överväldigande.
- Svensk översättning på växlande sidor, så att du kan läsa den rad för rad när du läser berättelsen Polska.
- Nyckelord är tryckta i fetstil i berättelsen och översättningen för att hjälpa dig att lättare förstå okända ord.
- Förståelsefrågor för att testa din förståelse av viktiga händelser och för att uppmuntra dig att läsa mer i detalj.

Oavsett om du vill utöka ditt ordförråd, förbättra din förståelse eller bara läsa för skojs skull är den här boken det största steget framåt du kan ta i dina studier i år. Noveller på Polska ger dig allt stöd du behöver, så luta dig tillbaka, slappna av och låt fantasin flöda när du förflyttas till en magisk värld av äventyr, mysterier och intriger - på Polska!

Hur du använder den här boken

Läsning är en svår talang att bemästra. Vi använder en rad mikrofärdigheter för att hjälpa oss att läsa på våra modersmål. Vi kan till exempel skumma ett avsnitt för att få en grov förståelse, eller en kontentan, av vad det handlar om. Vi kan också kamma igenom många sidor i en tågplan för att hitta en viss tid eller plats. Medan dessa mikrofärdigheter är en självklarhet när vi läser på våra modersmål, visar forskning att vi ofta glömmer de flesta av dem när vi läser på ett främmande språk. När vi lär oss ett främmande språk börjar vi vanligtvis i början av en text och arbetar oss igenom den och försöker förstå varje enskilt ord. Det är oundvikligt att vi stöter på obekanta eller komplicerade termer och blir irriterade över vår oförmåga att förstå dem.

En av de största fördelarna med att läsa på ett främmande språk är att du får tillgång till ett stort antal fraser och uttryck som används i vardagliga situationer. Extensiv läsning är en term som används för att beskriva läsning för nöjes skull för att lära sig ett språk. Det är inte som att läsa en lärobok, då konversationer eller texter är utformade för att läsas långsamt och noggrant med målet att förstå varje ord. "Intensiv läsning" avser läsning som görs för att uppnå specifika inlärningsmål eller slutföra uppgifter. För att uttrycka det på ett annat sätt: grundlig läsning i läroböcker hjälper vanligtvis till att lära sig grammatiska regler och särskilt ordförråd, men omfattande läsning av berättelser hjälper till att lära sig det naturliga språket.

Noveller på Polska ger dig möjligheter att lära dig mer

om det naturliga Polska språket i bruk, även om du kanske har börjat din språkinlärningsresa med enbart läroböcker. Här är några tips att tänka på när du läser berättelserna i den här boken för att få ut så mycket som möjligt av dem: När det gäller läsning är nöje och en känsla av att ha uppnått något avgörande. Du fortsätter att komma tillbaka för mer eftersom du tycker om det du läser. Att läsa varje berättelse från början till slut är den bästa metoden för att njuta av att läsa berättelser och känna sig fulländad. Följaktligen är det mest avgörande att komma till slutet av en berättelse. Det är faktiskt mer avgörande än att kunna varje enskilt ord.

Ju mer du läser, desto mer kunskap får du. Om du läser större böcker för nöjes skull kommer du snabbt att få kunskap om hur Polska fungerar. Tänk dock på att för att få alla fördelar av omfattande läsning måste du först läsa en tillräckligt stor volym. Om du läser några sidor här och där kan du kanske lära dig några nya ord, men det kommer inte att göra någon större skillnad i din totala nivå av Polska.

Acceptera att du inte kommer att förstå allt du läser i en roman. Detta är utan tvekan den viktigaste punkten! Kom alltid ihåg att det är helt acceptabelt att inte förstå alla ord eller meningar. Det innebär inte att dina språkkunskaper är otillräckliga eller att du presterar dåligt. Det tyder på att du aktivt deltar i inlärningsprocessen.

Läsguide

För att få ut så mycket som möjligt av att läsa Noveller på Polska är det bäst om du följer denna enkla läsprocess i sex steg för varje kapitel i berättelserna:

1. Läs kapitlets titel. Tänk på vad berättelsen kan handla om. Läs sedan berättelsen hela vägen igenom. Ditt mål är helt enkelt att nå slutet av berättelsen. Stanna därför inte upp för att slå upp ord och oroa dig inte om det finns saker som du inte förstår. Försök helt enkelt att följa handlingen.

2. När du når slutet av berättelsen ska du skanna den svenska översättningen för att se om du har förstått vad som har hänt och ta upp eventuella sammanhang som du kan ha missat.

3. Gå tillbaka och läs samma berättelse igen. Om du vill kan du fokusera mer på berättelsens detaljer än tidigare, men annars är det bara att läsa igenom den en gång till.

4. Arbeta sedan igenom förståelsefrågorna i Polska för att kontrollera din förståelse av viktiga händelser i berättelsen. Om du inte förstår frågorna helt och hållet ska du inte oroa dig. Använd dina kunskaper för att svara så gott du kan.

5. Vid det här laget bör du ha en viss förståelse för de viktigaste händelserna i kapitlet. Om inte kan du läsa om kapitlet några gånger med hjälp av översättningen för att kontrollera okända ord och fraser tills du känner dig säker.

När du är redo och säker på att du förstår vad som har

hänt - oavsett om det är efter en eller flera läsningar av berättelsen - går du vidare till nästa berättelse och fortsätter att njuta av berättelsen i din egen takt, precis som du skulle göra med vilken annan bok som helst.

Först när du har avslutat en berättelse i sin helhet bör du överväga att gå tillbaka och studera berättelsespråket mer ingående om du vill. Eller i stället för att oroa dig för att förstå allt, ta dig tid att fokusera på allt du har förstått och gratulera dig själv till allt du har gjort.

Noveller på Polska

Aleksander Zielinski

Zamek w Malborku

Jest rok 1410, a Zakon Krzyżacki właśnie przejął kontrolę nad zamkiem w Malborku. Okazała budowla stoi imponująco nad brzegiem rzeki Nogat w północnej Polsce, będąc symbolem potęgi i siły germańskich rycerzy. Ale nie wszystko jest w porządku w murach **zamku.** Panuje atmosfera napięcia i niepokoju, bo wielu nie ufa nowym władcom. Jedną z takich osób jest Agnieszka, młoda kobieta, która urodziła się i wychowała w Malborku. **Pamięta, jak** nazywało się to jeszcze Marienburgiem, **zanim** padło łupem Krzyżaków podczas jednej z ich krucjat przeciwko pogańskiej Litwie. Teraz czuje się jak obca we własnym domu, wszystko się zmieniło od tamtych mrocznych dni. Agnieszka stara się jak może, by unikać kontaktu z rycerzami, ale pewnego dnia **przypadkowo wpada na** jednego z nich w ruchliwym korytarzu. Ten chwyta ją za ramię i krzyczy na nią po niemiecku, **domagając się informacji,** dlaczego nie pracuje ciężej, by służyć im należycie. **Wstrząśnięta** tym spotkaniem Agnieszka postanawia, że dość tego; nie może dłużej milczeć na temat tego, co dzieje się na zamku w Malborku pod krzyżackim panowaniem.

Agnieszka zaczyna rozpowiadać wśród pracowników zamku o złym traktowaniu, jakiego doznają z rąk

Malbork slott

Året är 1410 och den tyska orden har just tagit kontroll över Malbork slott. Den storslagna byggnaden står imponerande på stranden av floden Nogat i norra Polen och är en symbol för de germanska riddernas makt och styrka. Men allt är inte bra inom **slottets** murar. Det råder en anda av spänning och oro, för det finns många som inte litar på de nya härskarna. En sådan person är Agnieszka, en ung kvinna som är född och uppvuxen i Malbork. Hon **minns** när staden fortfarande hette Marienburg, **innan** den föll till Teutonic Order under ett av deras korståg mot det hedniska Litauen. Nu känner hon sig som en främling i sitt eget hem; allt har förändrats sedan de mörka dagarna. Agnieszka gör sitt bästa för att undvika kontakt med riddarna så mycket som möjligt, men en dag **råkar** hon **råka stöta** på en av dem i en livlig korridor. Han tar grovt tag i hennes arm och skriker åt henne på tyska och **kräver att få** veta varför hon inte arbetar hårdare för att tjäna dem ordentligt. **Skakad** av detta möte beslutar Agnieszka att det räcker; hon kan inte längre hålla tyst om vad som händer här på Malbork slott under teutoniskt styre.

Agnieszka börjar sprida information bland slottets personal om den misshandel som de alla utsätts för av

Krzyżaków. Wie, że jest to ryzykowne, ale nie może stać bezczynnie, gdy jej rodacy są tak traktowani. **Powoli, ale skutecznie,** coraz więcej osób zaczyna jej słuchać i wkrótce na zamku w Malborku powstaje mały ruch oporu. Rycerze nie są ślepi na to, co się dzieje; widzą, że Agnieszka **staje się** problemem. Zaczynają ją bacznie obserwować, pilnując, by nie sprawiała więcej kłopotów. Jednak mimo ciągłej obserwacji, Agnieszce wciąż udaje się przemycać **wiadomości z** zamku, wzywając pomoc z zewnątrz. Pewnej nocy, gdy kończy pisać kolejną wiadomość, słyszy kroki na **korytarzu** przed swoim pokojem. Ktoś dowiedział się o działalności Agnieszki i teraz idzie po nią. W **pośpiechu chowa** wiadomość i otwiera drzwi, w których czeka na nią dwóch Krzyżaków. Tym razem nie ma **ucieczki**, wie, że zostanie zabrana i prawdopodobnie **stracona** za zdradę ich zakonu.

de teutoniska riddarna. Hon vet att det är riskabelt, men hon kan inte bara stå och göra ingenting medan hennes polska landsmän behandlas på detta sätt. **Sakta** men säkert börjar fler och fler lyssna på henne, och snart finns det en liten motståndsrörelse i Malbork slott. Riddarna är inte blinda för vad som händer; de kan se att Agnieszka håller på att **bli ett** problem. De börjar bevaka henne noga för att se till att hon inte orsakar fler problem. Men trots att hon står under ständig övervakning lyckas Agnieszka fortfarande smuggla ut **meddelanden** från slottet och be om hjälp utifrån. En kväll, när hon håller på att avsluta ett nytt meddelande, hör hon fotsteg i **korridoren** utanför sitt rum. Någon har fått reda på Agnieszkas aktiviteter och nu är de ute efter henne. Hon gömmer **snabbt** meddelandet innan hon öppnar dörren och finner två teutoniska riddare som står där och väntar på henne. Den här gången finns det ingen möjlighet att **fly**; hon vet att hon kommer att föras bort och troligen **avrättas** för förräderi mot deras order.

Pytania dotyczące rozumienia tekstu

1. Jak nazywa się zamek w opowiadaniu?

2. Kiedy Zakon Krzyżacki przejął kontrolę nad zamkiem?

3. Z jakiego kraju pochodzi Agnieszka?

4. Jaką pierwotnie nazwę nosił zamek?

5. Co Agnieszka czuje w stosunku do Krzyżaków?

6. Co robi Agnieszka w odpowiedzi na złe traktowanie przez pracowników zamku?

7. Co czuje Wielki Mistrz Zakonu Krzyżackiego wobec działań Agnieszki?

8. Jakie są konsekwencje działań Agnieszki?

9. Nad czym zastanawia się Agnieszka, gdy jest odprowadzana?

Frågor om förståelse

1. Vad heter slottet i berättelsen?

2. När tog Teutonic Order kontroll över slottet?

3. Vilket är Agnieszkas hemland?

4. Vad hette slottet ursprungligen?

5. Vad tycker Agnieszka om de teutoniska riddarna?

6. Vad gör Agnieszka som svar på den misshandel som personalen på slottet utsätter henne för?

7. Vad tycker stormästaren i Teutonic Order om Agnieszkas handlingar?

8. Vad är konsekvensen av Agnieszkas handlingar?

9. Vad undrar Agnieszka när hon leds bort?

Puszcza Białowieska

Puszcza Białowieska to miejsce mroczne i tajemnicze. Mówi się, że w lesie mieszkają dziwne stworzenia, których nikt nigdy nie widział. Jedni mówią, że te **stworzenia** są **przyjazne,** a inni, że niebezpieczne. Nikt nie wie na pewno, co czai się w głębi lasu. Pewnego dnia grupa przyjaciół postanowiła zwiedzić Puszczę Białowieską. Słyszeli wszystkie opowieści o dziwnych stworzeniach, które tam mieszkały i byli zdecydowani sprawdzić, czy są one prawdziwe. Kiedy wchodzili coraz głębiej w las, zaczęli mieć wrażenie, że ktoś ich obserwuje. Słyszeli trzaskanie gałązek i szelest **liści**, ale nie mogli nic zobaczyć przez gęste drzewa. Nagle jedna z ich przyjaciółek krzyknęła z przerażenia, bo coś chwyciło ją od tyłu! Grupa przyjaciół biegła tak **szybko** jak tylko mogła, ale stwór był szybszy. Gonił ich przez las, aż w końcu dotarli na polanę. Odwrócili się, by stanąć twarzą w twarz ze swoim prześladowcą i zobaczyli duże, futrzane stworzenie stojące przed nimi. Miało ono ostre zęby i pazury, i wyglądało na bardzo rozgniewane. Przyjaciele byli przerażeni!

Stwór wystąpił do przodu i obwąchał każdego z nich. Następnie zrobiło coś **zaskakującego**: uśmiechnęło się do nich! To nie było groźne stworzenie, tylko ciekawe, które chciało dowiedzieć się więcej o tych

Białowieża-skogen

Białowieża-skogen är en mörk och mystisk plats. Det sägs att skogen är hemvist för märkliga varelser som ingen någonsin har sett förut. Vissa säger att dessa **varelser** är **vänliga,** medan andra säger att de är farliga. Ingen vet med säkerhet vad som lurar i skogens djup. En dag bestämde sig en grupp vänner för att utforska Białowieża-skogen. De hade hört alla historier om de märkliga varelser som bodde där, och de var fast beslutna att ta reda på om de var sanna. När de gick djupare in i skogen började de känna att det kändes som om någon iakttog dem. De kunde höra kvistar knäppa och **löv** prassla, men de kunde inte se något genom de täta träden. Plötsligt skrek en av deras vänner av skräck när något tog tag i henne bakifrån! Gruppen av vänner sprang så **fort** de kunde, men varelsen var snabbare. Den jagade dem genom skogen tills de slutligen kom till en glänta. De vände sig om för att möta sin förföljare och såg en stor, lurvig varelse stå framför dem. Den hade vassa tänder och klor och såg mycket arg ut. Vännerna blev livrädda!

Varelsen steg fram och luktade på var och en av dem. Sedan gjorde den något **överraskande**: den log mot dem! Det var trots allt ingen farlig varelse; bara en nyfiken varelse som ville veta mer om dessa

dziwnych ludziach, którzy weszli do jego domu. Od tej pory stworzenia z Puszczy Białowieskiej stały się stałymi gośćmi na polanie, gdzie przyjaciele spotykali się codziennie. I tak zaczęła się **wspaniała** przyjaźń między ludźmi i zwierzętami, która trwała przez wiele lat. Pewnego dnia stworzenia z lasu poprosiły przyjaciół o pomoc w rozwiązaniu pewnego **problemu**. Grupa myśliwych przychodziła do lasu i zabijała zwierzęta dla ich futra. Stworzenia były przerażone i nie wiedziały, co robić. Przyjaciele wymyślili plan, jak powstrzymać **myśliwych**. Zbudowali pułapki i rozstawili je w całym lesie. Kiedy następnym razem przyszli myśliwi, wpadli w pułapki i zostali schwytani! Stworzenia były bardzo **wdzięczne** przyjaciołom za pomoc, a do Białowieży znów powrócił pokój.

Przyjaciele mieli wiele przygód w Puszczy Białowieskiej i zawsze trzymali się **razem**. Pomagali stworom w ich problemach, a w zamian stwory pokazywały im rzeczy, których nigdy wcześniej nie widzieli. Las był **magicznym** miejscem i szybko stał się ich drugim **domem**. Pewnego dnia zwiedzali nową część lasu, gdy natknęli się na dziwną **jaskinię**. Słyszeli głosy dochodzące ze **środka**, więc ostrożnie weszli do środka. Okazało się, że to grupa bandytów, którzy ukryli się w lesie! Przyjaciele szybko pobiegli z powrotem, aby uzyskać pomoc od stworzeń. Razem udało im się schwytać bandytów i oddać ich w ręce władz.

märkliga människor som hade kommit in i dess hem. Från och med då blev varelserna i Białowieża-skogen regelbundna besökare i den glänta där vännerna träffades varje dag. Och så började en **underbar** vänskap mellan människor och djur som skulle bestå i många år framöver. En dag bad skogens varelser vännerna att hjälpa dem med ett **problem**. En grupp jägare hade kommit in i skogen och dödat djur för deras päls. Varelserna var rädda och visste inte vad de skulle göra. Vännerna kom på en plan för att stoppa **jägarna**. De byggde fällor och placerade ut dem runt om i skogen. Nästa gång jägarna kom, föll de i fällorna och blev fångade! Varelserna var mycket **tacksamma** mot sina vänner för att de hjälpte dem, och freden återvände till Białowieża igen.

Vännerna hade många äventyr i Białowieża-skogen, och de höll alltid **ihop**. De hjälpte varelserna med deras problem, och i gengäld visade varelserna dem saker som de aldrig hade sett förut. Skogen var en **magisk** plats, och den blev snabbt deras andra **hem**.
En dag när de utforskade en ny del av skogen stötte de på en märklig **grotta**. De kunde höra röster komma **inifrån,** så de gick försiktigt in. Det visade sig vara en grupp banditer som hade gömt sig i skogen! Vännerna sprang snabbt tillbaka för att hämta hjälp från varelserna. Tillsammans kunde de fånga banditerna och överlämna dem till myndigheterna.

Pytania dotyczące rozumienia tekstu

1. Co to jest Puszcza Białowieska?

2. Jakie stworzenia podobno mieszkają w lesie?

3. Dlaczego przyjaciele postanowili zbadać las?

4. Co zrobiło stworzenie, gdy po raz pierwszy zobaczyło przyjaciół?

5. Z jakim problemem zwróciły się do przyjaciół stworzenia z lasu o pomoc?

6. W jaki sposób przyjaciele pomogli stworzeniom?

7. Co znaleźli przyjaciele, gdy poznawali nową część lasu?

8. Jak przyjaciele i stwory schwytali bandytów?

9. Co się stało z przyjaciółmi, gdy dorośli?

10. Dlaczego jedno z futrzanych stworzeń ponownie ukazało się przyjaciołom?

Frågor om förståelse

1. Vad är Białowieża-skogen?

2. Vilka varelser sägs bo i skogen?

3. Varför bestämde sig vännerna för att utforska skogen?

4. Vad gjorde varelsen när den först såg vännerna?

5. Vad var problemet som skogens varelser bad vännerna om hjälp med?

6. Hur hjälpte vännerna varelserna?

7. Vad hittade vännerna när de utforskade en ny del av skogen?

8. Hur fångade vännerna och varelserna banditerna?

9. Vad hände med vännerna när de växte upp?

10. Varför skulle en av de lurviga varelserna visa sig för vännerna igen?

Maria Curie

Marie Curie urodziła się w Warszawie, w Polsce, 7 listopada 1867 roku. Jej ojciec był **profesorem** fizyki na miejscowym uniwersytecie, a matka prowadziła pensjonat. Już w dzieciństwie Maria wykazywała **duże predyspozycje do nauki i** osiągała doskonałe wyniki w nauce. Gdy miała zaledwie osiemnaście **lat**, zdobyła **stypendium na** studia na Uniwersytecie Sorbona w Paryżu. Na Sorbonie Marie poznała Pierre'a Curie, który później został jej mężem. Pierre również studiował fizykę na uniwersytecie i szybko nawiązali silną więź dzięki wspólnej miłości do **nauki**. Pobrali się w 1895 roku i mieli dwie **córki**: Irene i Evelyn. W 1898 r. Marie i Pierre odkryli rad - pierwiastek, który na zawsze zmienił ich życie. Poświęcili się dalszym badaniom nad radioaktywnością i jej potencjalnymi zastosowaniami w **medycynie** (dziedzina, która stała się znana jako "radioterapia"). W 1903 r. za odkrycie radioaktywności otrzymali Nagrodę Nobla w dziedzinie fizyki - tym samym Maria Curie stała się pierwszą kobietą w historii, która otrzymała Nagrodę Nobla.

Niestety, zaledwie cztery lata później Pierre zmarł po potrąceniu przez powóz konny podczas przechodzenia przez **ulicę** w Paryżu. Zdruzgotana jego śmiercią, ale zdecydowana kontynuować ich wspólną pracę,

Marie Curie

Marie Curie föddes i Warszawa i Polen den 7 november 1867. Hennes far var **fysikprofessor** vid det lokala universitetet och hennes mor drev ett pensionat. Som barn var Marie **mycket** lovande inom akademin och hon utmärkte sig i sina studier. När hon bara var arton **år** gammal vann hon ett **stipendium** för att studera vid Sorbonneuniversitetet i Paris. Vid Sorbonneuniversitetet träffade Marie Pierre Curie, som senare skulle bli hennes make. Pierre studerade också fysik vid universitetet, och de två utvecklade snabbt ett starkt band på grund av sin gemensamma kärlek till **vetenskapen**. De gifte sig 1895 och fick två **döttrar** tillsammans: Irene och Evelyn. År 1898 upptäckte Marie och Pierre radium - ett grundämne som skulle förändra deras liv för alltid. De ägnade sig åt ytterligare forskning om radioaktivitet och dess potentiella tillämpningar inom **medicinen** (ett område som kom att bli känt som "strålbehandling"). År 1903 fick de Nobelpriset i fysik för sin upptäckt av radioaktivitet - Marie Curie blev den första kvinnan någonsin att vinna ett Nobelpris.

Tyvärr drabbades Pierre fyra år senare av en tragedi när han dog efter att ha blivit påkörd av en hästvagn när han korsade en **gata** i Paris. Marie, som var förkrossad av hans död men fast besluten att fortsätta

Marie przejęła jego stanowisko profesora fizyki na **Uniwersytecie** Sorbona. Stała się jeszcze bardziej znana dzięki swoim przełomowym pracom nad radioaktywnością, do tego stopnia, że w 1911 roku otrzymała kolejną Nagrodę Nobla - tym razem sama - stając się nie tylko pierwszą kobietą w historii, która zdobyła dwa Noble, ale także jedyną osobą, która zdobyła je w oddzielnych dziedzinach nauki. Po wybuchu I wojny światowej Marie odłożyła na bok własne projekty badawcze, aby wspomóc wysiłek wojenny, opracowując aparaty rentgenowskie, które mogły być wykorzystywane do lokalizowania **odłamków** i innych ciał obcych w ciałach żołnierzy. Przeszkoliła również 150 kobiet do obsługi i konserwacji tych **urządzeń** w **szpitalach** wojskowych w pobliżu linii frontu. Za swoje wysiłki w czasie wojny została odznaczona francuską Legią Honorową - jednym z najwyższych cywilnych odznaczeń przyznawanych przez **rząd** francuski.

Niestety, wkrótce potem narażenie na **promieniowanie** wynikające z wieloletniej pracy z materiałami radioaktywnymi zaczęło odbijać się na zdrowiu Marii; zaczęła cierpieć na **zmęczenie,** a w końcu zachorowała na białaczkę. Maria Curie zmarła spokojnie 4 lipca 1934 roku w wieku 67 lat w sanatorium Sancellemoz w Passy we Francji, w otoczeniu **rodziny** i najbliższych przyjaciół. **Dziedzictwo** Marii Curie jest kontynuowane przez jej córki Irene i Evelyn.

sitt gemensamma arbete, tog över hans position som professor i fysik vid **Sorbonneuniversitetet**. Hon blev ännu mer berömd för sitt banbrytande arbete om radioaktivitet, så pass mycket att hon tilldelades ännu ett Nobelpris - denna gång ensam - 1911. Hon blev inte bara den första kvinnan någonsin att vinna två Nobelpris, utan också den enda person som någonsin vunnit dem båda inom olika vetenskaper. När första världskriget bröt ut lade Marie sina egna forskningsprojekt åt sidan för att hjälpa till med krigsarbetet genom att utveckla röntgenapparater som kunde användas för att lokalisera **granatsplitter** och andra främmande föremål i soldaternas kroppar. Hon utbildade också 150 kvinnor för att underhålla och sköta dessa **maskiner** på **militärsjukhus** nära frontlinjerna. För sina insatser under kriget blev hon medlem av Frankrikes hederslegion - en av de högsta civila hedersbetygelser som delas ut av den franska **regeringen**.

Tyvärr började strålningsexponeringen från alla dessa år som hon arbetade med radioaktivt material att ta ut sin rätt på Maries hälsa kort därefter; hon började lida av **trötthet** och utvecklade så småningom leukemi. Marie Curie dog fridfullt den 4 juli 1934 vid 67 års ålder på sanatoriet Sancellemoz i Passy i Frankrike, omgiven av sin **familj** och sina närmaste vänner. Marie Curies **arv** fortsätter att leva vidare genom hennes döttrar Irene och Evelyn.

Pytania dotyczące rozumienia tekstu

1. Jaki był zawód ojca Marii Curie?

2. Co łączyło Marię Curie i Pierre'a Curie?

3. Co odkryli Maria i Pierre Curie?

4. Ile nagród Nobla zdobyła Maria Curie?

5. Czym zajmowała się Maria Curie podczas I wojny światowej?

6. Na czym polega spuścizna Marii Curie?

7. Za co Irena Curie otrzymała nagrodę Nobla?

8. Kto napisał biografię o życiu Marii Curie?

9. Jak Maria Curie była postrzegana przez wielu?

10. Co jest inspiracją, której dostarcza Maria Curie?

Frågor om förståelse

1. Vad var Marie Curies pappas yrke?

2. Vad hade Marie Curie och Pierre Curie gemensamt?

3. Vad upptäckte Marie och Pierre Curie?

4. Hur många Nobelpris vann Marie Curie?

5. Vad gjorde Marie Curie under första världskriget?

6. Vad är Marie Curies arv?

7. Vad fick Irene Curie Nobelpriset för?

8. Vem skrev en biografi om Marie Curies liv?

9. Hur betraktades Marie Curie av många?

10. Vad är en inspiration som Marie Curie ger?

Kopalnia soli w Wieliczce

Kopalnia Soli w Wieliczce to miejsce jak żadne inne. Przez **wieki** była źródłem soli dla mieszkańców Polski. Dziś jest również popularnym miejscem turystycznym, do którego przyjeżdżają turyści z całego świata, aby zobaczyć jej wyjątkowe podziemne komory i rzeźby. Jest jednak jedna komora w **kopalni,** która nie przypomina żadnej innej. Mówi się, że **komora** ta jest nawiedzana przez ducha górnika, który zginął w wypadku górniczym wiele lat temu. Nazywał się Janek Kowalski, a w chwili śmierci miał zaledwie 22 lata. **Duch** Janka podobno nawiedza komorę, w której zginął, a jego ducha można czasem zobaczyć błądzącego w ciemnościach. Niektórzy twierdzą, że duch Janka jest **zły** i mściwy, inni zaś uważają, że po prostu chce odnaleźć **spokój** po śmierci. Tak czy inaczej, jego obecność w kopalni sprawiła, że stała się ona miejscem tajemniczym i intrygującym zarówno dla mieszkańców, jak i turystów.

Pewnego **gorącego** letniego dnia grupa turystów **zwiedzała** Kopalnię Soli w Wieliczce. Słyszeli opowieści o duchu Janka, ale nie byli pewni, czy im wierzyć. Kiedy szli przez **ciemne** komory, poczuli **chłód** w powietrzu.

Saltgruvan i Wieliczka

Saltgruvan i Wieliczka är en plats som inte liknar någon annan. I **århundraden** har den varit en källa till salt för Polens befolkning. I dag är den också ett populärt turistmål, med besökare från hela världen som kommer för att se dess unika underjordiska kamrar och skulpturer. Men det finns en kammare i **gruvan som** inte liknar någon annan. Denna **kammare** sägs vara hemsökt av spöket från en gruvarbetare som dog i en gruvolycka för många år sedan. Han hette Janek Kowalski och var bara 22 år gammal när han dog. Janeks **spöke** sägs hemsöka kammaren där han dog, och hans ande kan ibland ses vandra omkring i mörkret. Vissa säger att Janeks spöke är **arg** och hämndlysten, medan andra tror att han helt enkelt vill finna **frid** efter döden. Hur som helst har hans närvaro i gruvan gjort den till en plats av mystik och intriger för både lokalbefolkningen och turister.

En **varm** sommardag **utforskade** en grupp turister saltgruvan i Wieliczka. De hade hört historier om Janeks spöke, men de var inte säkra på om de trodde på dem. När de gick genom de **mörka** kamrarna kände de en **kyla** i luften. Plötsligt såg en av turisterna en

Nagle jeden z turystów zobaczył w oddali jakąś postać. Był to mężczyzna w staromodnym ubraniu i wydawało się, że unosi się nad ziemią. Turysta krzyknął, a wszyscy inni turyści pobiegli w jego stronę. Jednak gdy dotarli na miejsce, po żadnej upiornej postaci nie było śladu. Jedyne co było **inne** to to, że jedna ze świec w komnacie była zgaszona. Historia ducha Janka stała się **legendą** w Kopalni Soli w Wieliczce. Przyjeżdżają tu goście z całego świata, aby zobaczyć, czy uda im się ujrzeć jego **ducha**. Niektórzy twierdzą, że jest on niegroźny, inni zaś wierzą, że wciąż jest zły z powodu swojej śmierci i chce się zemścić na tych, którzy wchodzą do jego komory.

Nikt nie wie na pewno, co stało się z duchem Janka, ale jedno jest pewne: Kopalnia Soli w Wieliczce nigdy nie zostanie zapomniana. Janek Kowalski był **młodym** człowiekiem, który miał przed sobą całe życie. Pracował w kopalni soli w Wieliczce i kochał to. To była **niebezpieczna** praca, ale Janek nigdy nie bał się podjąć ryzyka. Pewnego dnia, gdy Janek pracował w jednej z komór, doszło do zawału. Janek został **pogrzebany** żywcem pod tonami soli i **skał**. Jego ciała nie znaleziono przez wiele dni, a kiedy go odnaleziono, było już za późno. Zmarł w wyniku odniesionych obrażeń. Śmierć Janka pozostawiła dziurę w sercach tych, którzy go znali. Ale pozostawiła też coś jeszcze: jego ducha.

gestalt i fjärran. Det var en man i gammaldags kläder och han verkade sväva ovanför marken. Turisten skrek och alla de andra turisterna sprang mot honom. Men när de kom dit fanns det inga tecken på någon spöklik figur. Det enda som var **annorlunda var att** ett av ljusen i kammaren hade släckts. Historien om Janeks spöke har blivit en **legend** i Wieliczka saltgruva. Besökare kommer från hela världen för att se om de kan få en glimt av hans **ande**. Vissa säger att han är ofarlig, medan andra tror att han fortfarande är arg över sin död och vill hämnas på dem som går in i hans kammare.

Ingen vet säkert vad som hände med Janeks spöke, men en sak är säker: saltgruvan i Wieliczka kommer aldrig att glömmas bort. Janek Kowalski var en **ung** man som hade hela livet framför sig. Han arbetade i saltgruvan i Wieliczka och han älskade det. Det var ett **farligt** jobb, men Janek var aldrig rädd för att ta risker. En dag när Janek arbetade i en av kamrarna inträffade ett inbrott. Janek **begravdes** levande under tonvis med salt och **sten**. Hans kropp hittades inte på flera dagar, och när de hittade honom var det för sent. Han hade dött av sina skador. Janeks död lämnade ett hål i hjärtat på dem som kände honom. Men den lämnade också något annat efter sig: hans ande.

Pytania dotyczące rozumienia tekstu

1. Co to jest kopalnia soli w Wieliczce?

2. Co to za komora w kopalni, którą podobno nawiedza duch Janka Kowalskiego?

3. Ile lat miał Janek Kowalski w chwili śmierci?

4. Co mówi się o duchu Janka?

5. Co się stało z duchem Janka?

6. Gdzie znajduje się kopalnia soli w Wieliczce?

7. Jak długo funkcjonuje Kopalnia Soli w Wieliczce?

8. Co to za komora w kopalni, którą podobno nawiedza duch Janka Kowalskiego?

9. Jaka jest legenda o duchu Janka?

10. Co robią zwiedzający po przyjeździe do Kopalni Soli w Wieliczce?

Frågor om förståelse

1. Vad är saltgruvan i Wieliczka?

2. Vilken är den kammare i gruvan som sägs vara hemsökt av Janek Kowalskis spöke?

3. Hur gammal var Janek Kowalski när han dog?

4. Vad sägs om Janeks spöke?

5. Vad hände med Janeks spöke?

6. Var ligger saltgruvan i Wieliczka?

7. Hur länge har saltgruvan i Wieliczka varit i drift?

8. Vilken är den kammare i gruvan som sägs vara hemsökt av Janek Kowalskis spöke?

9. Vad är legenden om Janeks spöke?

10. Vad gör besökarna när de kommer till saltgruvan i Wieliczka?

Obwarzanek Krakowski

W Krakowie był wczesny ranek, a **miasto** dopiero zaczynało się poruszać. **Słońce** jeszcze nie wzeszło, ale niebo rozświetlało się jego światłem. Sprzedawcy Obwarzanka Krakowskiego ustawiali już swoje wózki, przygotowując się do kolejnego dnia sprzedaży swoich **pysznych** precli. Jeden ze sprzedawców, młody mężczyzna o imieniu Jakub, był dziś szczególnie **podekscytowany**. Oszczędzał od miesięcy i w końcu miał dość pieniędzy, by kupić własny wózek. To był jego pierwszy dzień jako sprzedawcy i nie mógł się doczekać, aby zacząć. Jakub dotarł na swoje stałe miejsce przy placu **targowym** i zaczął rozstawiać **wózek**. Czuł podniecenie, które narastało w nim w miarę pracy. Wkrótce ustawi się do niego kolejka ludzi, którzy będą chcieli kupić jego obwarzanki. Gdy słońce zaczęło wschodzić, podniecenie Jakuba zmieniło się w zdenerwowanie. A co jeśli nikt nie kupi jego precli? Co jeśli nie zarobi tyle **pieniędzy,** żeby zapłacić za swój wózek? Starał się wyprzeć te myśli z głowy i skupić się na wykonywanym zadaniu.

Wreszcie nadszedł czas, aby otworzyć się na biznes. Jakub wziął głęboki **oddech** i zawołał do pierwszego

Obwarzanek Krakowski

Det var tidig morgon i Krakow och **staden hade** precis börjat röra på sig. **Solen** hade ännu inte gått upp, men himlen glödde av dess ljus. Obwarzanek Krakowski-försäljarna hade redan satt upp sina vagnar och förberedde sig för ännu en dag med försäljning av sina **läckra** kringlor. En försäljare, en ung man vid namn Jakub, var särskilt **uppspelt** idag. Han hade sparat i månader och hade äntligen fått tillräckligt med pengar för att köpa en egen vagn. Detta skulle bli hans första dag som försäljare och han kunde inte vänta på att få börja. Jakub anlände till sin vanliga plats nära **torget** och började ställa upp sin **vagn**. Han kunde känna hur spänningen byggdes upp inom honom medan han arbetade. Snart skulle det finnas en kö av människor som väntade på att få köpa hans obwarzanek. När solen började stiga övergick Jakubs spänning till nervositet. Tänk om ingen köpte hans kringlor? Tänk om han inte tjänade tillräckligt med **pengar för** att betala för sin vagn? Han försökte skjuta dessa tankar ur huvudet och fokusera på uppgiften.

Till slut var det dags att öppna för verksamheten. Jakub tog ett djupt **andetag** och ropade till den första kunden:

klienta: “Obwarzanek Krakowski!”. Ku jego uldze, klient podszedł i kupił precla. Jakub wypuścił westchnienie ulgi, gdy wręczał resztę. To miał być **dobry** dzień. W miarę upływu dnia **pewność siebie Jakuba** rosła. Sprzedawał coraz więcej precli, a nawet udało mu się zdobyć kilku stałych klientów. Biznes kwitł, a on zarabiał więcej pieniędzy, niż kiedykolwiek mógł sobie wyobrazić. Pod koniec dnia Jakub zarobił wystarczająco dużo pieniędzy, aby kupić sobie nową parę butów i jeszcze trochę zostało. Był **zmęczony,** ale szczęśliwy, gdy spakował swój wózek i udał się do domu na **noc**. To był dopiero początek dla Jakuba. Od tej pory będzie znany jako sprzedawca Obwarzanka Krakowskiego z najlepszymi preclami w mieście! W miarę jak biznes Jakuba się rozwijał, postanowił on zatrudnić kilku pomocników. Z ich pomocą udało mu się rozszerzyć działalność i sprzedawać jeszcze więcej precli. Teraz miał stałe miejsce na rynku, a ludzie przyjeżdżali z całego miasta, aby kupić jego obwarzanki.

“Obwarzanek Krakowski!” Till hans lättnad kom kunden fram och köpte en kringla. Jakub släppte en suck av lättnad när han lämnade över växeln. Det här skulle trots allt bli en **bra** dag. Allteftersom dagen gick växte Jakubs **självförtroende.** Han sålde fler och fler kringlor och lyckades till och med få några återkommande kunder. Affärerna blomstrade och han tjänade mer pengar än han någonsin hade kunnat föreställa sig. När dagen var slut hade Jakub tjänat tillräckligt med pengar för att köpa sig ett par nya skor och hade fortfarande lite kvar. Han var **trött** men lycklig när han packade ihop sin vagn och åkte hem för **natten**. Detta var bara början för Jakub. Från och med nu kommer han att vara känd som Obwarzanek Krakowski-försäljaren med de bästa kringlorna i stan! När Jakubs verksamhet fortsatte att växa bestämde han sig för att anställa några medhjälpare. Med deras hjälp kunde han utöka sin verksamhet och sälja ännu fler kringlor. Han hade nu en fast plats på torget och folk kom från hela staden för att köpa hans obwarzanek.

Pytania dotyczące rozumienia tekstu

1. Czym jest Obwarzanek Krakowski?

2. Kim jest Jakub?

3. Jakie emocje towarzyszyły Jakubowi w tym dniu?

4. Dlaczego podniecenie Jakuba zmieniło się w zdenerwowanie?

5. Jak czuł się Jakub pod koniec dnia?

6. Co Jakub zrobił z dodatkowymi pieniędzmi, które zarobił?

7. Co zrobił Jakub, gdy zobaczył człowieka ze znakiem?

8. Co powiedział mężczyzna do Jakuba?

9. Co zrobił Jakub w odpowiedzi?

10. Jaki cel miał Jakub pisząc nowy znak?

Frågor om förståelse

1. Vad är Obwarzanek Krakowski?

2. Vem är Jakub?

3. Vad var Jakubs förväntningar på dagen?

4. Varför blev Jakubs upphetsning nervös?

5. Hur kände sig Jakub i slutet av dagen?

6. Vad gjorde Jakub med de extra pengar han tjänade?

7. Vad gjorde Jakub när han såg mannen med tecknet?

8. Vad sa mannen till Jakub?

9. Vad gjorde Jakub som svar?

10. Vad var Jakubs mål när han skrev den nya skylten?

Dolina Dolnej Odry

Dolina Dolnej Odry była kiedyś miejscem gwarnym, pełnym życia i aktywności. Teraz jednak jest **cieniem** swojej dawnej postaci. Pozostały po niej jedynie ruiny domów i firm. Mówi się, że **dolina** została przeklęta przez mściwego ducha, który został skrzywdzony dawno temu. Nikt nie wie na pewno, co się stało, ale od tamtej pory dolina powoli umiera. **Rośliny uschły**, zwierzęta zniknęły, a w końcu odeszli nawet ludzie. Dziś nikt już nie przyjeżdża do Doliny Dolnej Odry. Jakby w ogóle nie istniała. Jeśli jednak masz dość **odwagi,** by zapuścić się w to opuszczone miejsce, możesz przekonać się, że w tym zapomnianym zakątku świata pozostało jeszcze trochę życia. Kiedy idziesz przez dolinę, nie możesz oprzeć się wrażeniu smutku. Jakby całe szczęście zostało wyssane z tego miejsca. Ale wtedy, w oddali, widzisz, że coś **się porusza**. Gdy podchodzisz bliżej, zdajesz sobie sprawę, że to człowiek! Są poszarpane i **brudne**, ale na pewno żyją. Kiedy cię widzi, zaczyna uciekać w popłochu.

Próbujesz iść za nimi, ale znikają w jednym z **opuszczonych** budynków. Wchodzisz za nimi ostrożnie, nie wiedząc czego się spodziewać. W środku budynek jest ciemny i **zatęchły**. **Chwilę** zajmuje Twoim oczom dostosowanie się do ciemności. Kiedy to robią,

Nedre Oder-dalen

Nedre Oder-dalen var en gång en livlig plats, full av liv och aktivitet. Men nu är det en **skugga** av sitt forna jag. Det enda som återstår är ruinerna av vad som en gång var bostäder och företag. Det sägs att **dalen** förbannades av en hämndlysten ande som blev orättvist behandlad för länge sedan. Ingen vet säkert vad som hände, men sedan dess har dalen sakta dött. **Växterna** vissnade bort, djuren försvann och till slut lämnade även människorna dalen. Nuförtiden kommer ingen längre till Nedre Oder-dalen. Det är som om den inte existerar alls. Men om du är **modig** nog att våga dig in på denna övergivna plats kanske du upptäcker att det fortfarande finns lite liv kvar i detta bortglömda hörn av världen. När du går genom dalen kan du inte låta bli att känna en känsla av sorg. Det är som om all lycka har sugits ut ur denna plats. Men sedan, i fjärran, ser du något som **rör sig**. När du kommer närmare inser du att det är en människa! De är trasiga och **smutsiga,** men de är definitivt levande. När de ser dig börjar de springa iväg i skräck.

Du försöker följa efter dem, men de försvinner in i en av de **övergivna** byggnaderna. Du går försiktigt in efter dem, utan att veta vad du kan förvänta dig. Inne i byggnaden är det mörkt och **mossigt**. Det tar en

widzisz skuloną w kącie osobę, trzęsącą się ze strachu. Podchodzisz do niej powoli, nie chcąc przestraszyć jej bardziej niż już jest. Kiedy jesteś wystarczająco blisko, zdajesz sobie sprawę, że to tylko **dzieci**. Młoda **dziewczyna,** która wygląda na nie więcej niż dziesięć lat, najwyraźniej wiele przeszła, ale wciąż ma w sobie trochę **walki.** Gdy widzi, że nie zamierzasz jej skrzywdzić, zaczyna się lekko uspokajać. Oboje siedzicie przez chwilę w ciszy, gdy dziewczynka próbuje zebrać się na odwagę. W końcu odzywa się i opowiada Ci swoją historię. Mówi, że ma na imię Sarah i że była jedną z ostatnich osób, które opuściły dolinę, kiedy wszyscy inni się wynosili. Jej rodzice zmarli wkrótce po tym, jak tu przybyli, więc Sarah została tu zupełnie **sama**.

Sarah mówi, że od kilku lat żyje z **ziemi,** ale coraz trudniej jest jej znaleźć **pożywienie**. Szukała jagód, kiedy zobaczyła, że się zbliżasz i pomyślała, że jesteś jednym z duchów, które nawiedzają to miejsce. Ale teraz, kiedy wie, że jesteś po prostu osobą taką jak ona, nie jest już tak przerażona. Oboje siedzicie i rozmawiacie jeszcze przez jakiś czas, aż w końcu Sarah zasypia ze **zmęczenia**. Zostajesz z Sarą przez noc, czuwając na wypadek, gdyby któryś z duchów wrócił. Kiedy Sarah śpi, rozglądasz się po tym miejscu, które stało się jej domem.

stund för dina ögon att anpassa sig till mörkret. När de gör det ser du personen som sitter ihopkrupen i ett hörn och skakar av rädsla. Du närmar dig sakta, för att inte skrämma dem mer än de redan är. När du är tillräckligt nära inser du att de bara är **barn**. en ung **flicka** som inte verkar vara äldre än tio år gammal hon har uppenbarligen gått igenom mycket, men hon har fortfarande lite **kampvilja** kvar i sig. När hon ser att du inte tänker skada henne börjar hon lugna ner sig något. Ni två sitter tysta ett tag medan flickan försöker samla sitt mod. Till slut talar hon ut och berättar sin historia för dig. Hon säger att hon heter Sarah och att hon var en av de sista som lämnade dalen när alla andra flyttade bort. Hennes föräldrar hade dött kort efter att de hade kommit hit och därför var Sarah helt **ensam** på denna plats.

Sarah berättar att hon har levt på **jorden de** senaste åren, men att det blir allt svårare att hitta **mat**. Hon var ute och letade bär när hon såg dig komma och trodde att du var en av de andar som spökar här. Men nu när hon vet att du bara är en person som hon själv är hon inte lika rädd längre. Ni två sitter och pratar ett tag till, tills Sarah slutligen somnar av **utmattning**. Du stannar hos Sarah hela natten och håller vakt ifall något av spökena skulle komma tillbaka. Medan Sarah sover tar du en titt runt på den här platsen som har blivit hennes hem.

Pytania dotyczące rozumienia tekstu

1. Co to jest Dolina Dolnej Odry?

2. Co jest przekleństwem Doliny Dolnej Odry?

3. Kim był mściwy duch, który przeklął dolinę?

4. Co się stało z roślinami, zwierzętami i ludźmi w dolinie?

5. Czy ktoś jeszcze mieszka w Dolinie Dolnej Odry?

6. Kim jest Sarah?

7. W jaki sposób zginęli rodzice Sary?

8. Od jak dawna Sara mieszka w dolinie?

9. Co robiła Sara, gdy zobaczyła zbliżającą się do niej osobę?

10. Co znajduje osoba po wejściu do opuszczonego budynku?

Frågor om förståelse

1. Vad är Nedre Oder-dalen?

2. Vad är förbannelsen i nedre Oder-dalen?

3. Vem var den hämndlystna anden som förbannade dalen?

4. Vad hände med växterna, djuren och människorna i dalen?

5. Finns det fortfarande någon som bor i nedre Oder-dalen?

6. Vem är Sarah?

7. Hur dog Sarahs föräldrar?

8. Hur länge har Sara bott i dalen?

9. Vad gjorde Sara när hon såg personen komma emot henne?

10. Vad hittar personen när han går in i den övergivna byggnaden?

Miasto Gdańsk

Miasto Gdańsk było kiedyś prężnie rozwijającą się **metropolią**. Teraz jednak jest niczym więcej niż cieniem dawnego siebie. Ulice są **puste,** a budynki się rozpadają. Nad miastem unosi się niesamowita cisza niczym koc. Ale w Gdańsku wciąż jest życie. W opuszczonych budynkach, w ukrytych zakamarkach miasta, mieszkają ludzie, którzy nie chcą zrezygnować ze swojego domu. Trzymają się nadziei, że pewnego dnia Gdańsk powstanie ponownie i będzie tym wielkim miastem, którym był kiedyś. Jedną z takich osób jest Janusz Kowalski. Mieszka w Gdańsku całe życie i pamięta, jak to było, zanim wszystko się rozpadło. Teraz spędza dni wędrując po ulicach, zbierając **śmieci** i starając się utrzymać porządek. Nie jest to wiele, ale jest to coś, co może zrobić, aby pomóc swojemu **ukochanemu** miastu. Pewnego dnia Janusz był na swoim zwykłym obchodzie, gdy usłyszał hałas dochodzący z jednego z opuszczonych budynków. Ostrożnie podszedł i **zerknął do** środka. To, co zobaczył, zaszokowało go. Tam mieszkali ludzie! Dzieci biegające wokół, kobiety gotujące przy **ognisku...** to było jak scena z innego czasu.

Janusz nie wiedział, co robić. Chciał pomóc tym ludziom, ale **bał się,** że wpędzi ich w kłopoty. W

Staden Gdańsk

Gdansk var en gång en blomstrande **metropol**. Men nu är den bara en skugga av sitt forna jag. Gatorna är **tomma och** byggnaderna är sönderfallande. Det finns en kuslig tystnad som hänger över staden som en filt. Men det finns fortfarande liv i Gdansk. I de övergivna byggnaderna, i stadens dolda hörn, finns det människor som har vägrat att ge upp sitt hem. De klamrar sig fast vid hoppet om att Gdansk en dag kommer att resa sig igen och bli den stora stad den en gång var. En sådan person är Janusz Kowalski. Han har bott i Gdańsk i hela sitt liv, och han minns hur det brukade vara innan allt föll samman. Nu tillbringar han sina dagar med att vandra runt på gatorna, plocka upp **skräp** och försöka hålla ordning. Det är inte mycket, men det är något han kan göra för att hjälpa sin **älskade** stad. En dag var Janusz ute på sina vanliga rundor när han hörde ett ljud från en av de övergivna byggnaderna. Han gick försiktigt fram och **tittade** in. Det han såg chockade honom. Det bodde människor där! Barn som sprang omkring, kvinnor som lagade mat över en **eld ...** det var som en scen från en annan tid.

Janusz visste inte vad han skulle göra. Han ville hjälpa de här människorna, men han var **rädd** för att de skulle råka illa ut. Till slut bestämde han sig för att gå

końcu postanowił pójść do władz i powiedzieć im o **squattersach**. Z pewnością byliby w stanie im pomóc? Ale kiedy Janusz poszedł do władz, te wyśmiały go i powiedziały, że nic nie mogą zrobić. Zniechęcony, Janusz wrócił do **obozu lokatorów** i opowiedział im, co się stało. Ludzie podziękowali mu za jego wysiłki, ale powiedzieli, że są przyzwyczajeni do bycia ignorowanymi przez rząd. Od lat utrzymywali się sami i w najbliższym czasie nigdzie się nie wybierają. Janusz był zdumiony **odpornością** tych ludzi. Mimo wszystko, wciąż walczyli, by ułożyć sobie życie. Zaczął ich regularnie odwiedzać, przynosząc jedzenie i zapasy, kiedy tylko mógł. Z czasem poznał ich lepiej i zaczął podziwiać ich **siłę**. Mieszkańcy stworzyli swoją własną małą **społeczność** pośród wszystkich gruzów i ruin. Troszczyli się o siebie nawzajem i pomagali sobie.

Janusz zdał sobie sprawę, że tego właśnie potrzebuje Gdańsk - więcej takich ludzi, którzy chcą pomóc w odbudowie miasta od podstaw. W końcu wieść o obozie dla squatterów rozeszła się i coraz więcej osób zaczęło tam **mieszkać**. Puste niegdyś budynki znów wypełniły się życiem. Powoli, ale nieuchronnie, Gdańsk zaczynał wychodzić z mrocznych czasów. Miasto Gdańsk jest teraz ponownie **kwitnącą** metropolią. Ulice tętnią życiem, a budynki zostały naprawione. W powietrzu czuć **nadzieję.**

till myndigheterna och berätta om **ockupanterna**. De skulle väl kunna hjälpa dem? Men när Janusz gick till myndigheterna skrattade de bara åt honom och sa att de inte kunde göra något. Janusz var modlös och gick tillbaka till **ockupationslägret och** berättade vad som hade hänt. Människorna tackade honom för hans insatser men sa att de var vana vid att bli ignorerade av myndigheterna. De hade överlevt på egen hand i åratal och de skulle inte gå någonstans inom kort. Janusz var förvånad över dessa människors **motståndskraft.** Trots allt kämpade de fortfarande för att skapa sig ett liv. Han började besöka dem regelbundet och tog med sig mat och förnödenheter när han kunde. Med tiden lärde han känna dem bättre och började beundra deras **styrka**. Husockupanterna hade skapat sitt eget lilla **samhälle** mitt i allt bråte och alla ruiner. De tog hand om varandra och hjälpte varandra.

Janusz insåg att det var detta som Gdansk behövde - fler sådana människor som var villiga att hjälpa till att bygga upp staden från grunden. Så småningom spreds ryktet om ockupationslägret och fler och fler människor började komma dit för att **bo.** De en gång tomma byggnaderna fylldes nu med liv igen. Sakta men säkert började Gdansk återhämta sig från sina mörka dagar. Staden Gdańsk är nu återigen en **blomstrande** metropol. Gatorna är fulla av människor och byggnaderna har reparerats. Det finns en känsla av **hopp** i luften.

Pytania dotyczące rozumienia tekstu

1. Jak wygląda obecnie miasto Gdańsk?

2. Jak gdańszczanie czują się w swoim mieście?

3. Kim jest Janusz Kowalski?

4. Co zrobił Janusz, gdy zobaczył squattersów?

5. Dlaczego władze nie pomogły squatersom?

6. Jak zareagowali squattersi, gdy Janusz powiedział im o władzach?

7. Jak Janusz czuł się wśród squattersów?

8. Co zrobił Janusz, aby pomóc squatersom?

9. Jak zmieniało się miasto Gdańsk w czasie?

10. Kim są prawdziwi bohaterowie tej historii?

Frågor om förståelse

1. Hur ser staden Gdansk ut nu?

2. Hur känner invånarna i Gdańsk för sin stad?

3. Vem är Janusz Kowalski?

4. Vad gjorde Janusz när han såg ockupanterna?

5. Varför hjälpte myndigheterna inte ockupanterna?

6. Hur reagerade ockupanterna när Janusz berättade om myndigheterna?

7. Vad tyckte Janusz om ockupanterna?

8. Vad gjorde Janusz för att hjälpa ockupanterna?

9. Hur förändrades staden Gdansk med tiden?

10. Vilka är de verkliga hjältarna i denna berättelse?

Pierogi

Była ciemna i **burzliwa** noc. Pierożek, mały polski pierożek, drżał w swoim **łóżku** z liści kapusty. Został sam w zimnej, wilgotnej **piwnicy** i bardzo się bał. Nagle usłyszał kroki na schodach prowadzących do piwnicy. Ktoś po niego szedł! Pierożek próbował ukryć się pod liśćmi kapusty, ale było już za późno. Drzwi do piwnicy otworzyły się, a wielka ręka sięgnęła do środka i złapała go za **kark**. Został wyciągnięty na światło i znalazł się twarzą w twarz z bardzo gniewnie wyglądającą kobietą. Kobieta krzyczała na Pierożka po polsku, żądając informacji, dlaczego ukrywał się w jej piwnicy. Pierogi wyjaśnił, że było mu **zimno,** był głodny i nie miał dokąd pójść. Serce kobiety nieco zmiękło, gdy zobaczyła, jak żałośnie wygląda ten mały pierożek i postanowiła go przygarnąć. Kobieta nakarmiła Pieroga **gotowanymi** ziemniakami i marchewką, a następnie położyła go do łóżka obok własnych dzieci. Zasypiając, Pierogi myślał o tym, jakie miał szczęście, że ta miła kobieta przygarnęła go w tak ciemną i burzliwą noc.

Następnego ranka Pierogi obudził się na dźwięk **śmiechu**. Wyszedł spod kołdry i zobaczył, że dzieci tej kobiety bawią się z nim. Zrobiły mu małe łóżeczko ze starego **pudełka po butach** i udawały, że karmią go kawałkami wymyślonego jedzenia. Pierogi był

Pierogi

Det var en mörk och **stormig** natt. Pierogi, den lilla polska knölen, darrade i sin **bädd** av kålblad. Han hade blivit lämnad alldeles ensam i den kalla, våta **källaren,** och han var mycket rädd. Plötsligt hörde han fotsteg på trappan som ledde ner till källaren. Någon kom för att hämta honom! Pierogi försökte gömma sig under kålbladen, men han kom för sent. Källardörren öppnades och en stor hand sträckte sig in och grep honom i **nacken**. Han drogs ut i ljuset och fann sig ansikte mot ansikte med en mycket ilsken kvinna. Kvinnan skrek åt Pierogi på polska och krävde att få veta varför han hade gömt sig i hennes källare. Pierogi förklarade att han **frös** och var hungrig och inte hade någon annanstans att ta vägen. Kvinnans hjärta mjuknade något när hon såg hur patetisk den lilla knölen såg ut, och hon bestämde sig för att ta emot honom. Kvinnan gav Pierogi lite **kokt** potatis och morötter och bäddade sedan in honom i sängen bredvid sina egna barn. När han somnade tänkte Pierogi på hur lycklig han var att den snälla kvinnan hade tagit emot honom en så mörk och stormig natt.

Nästa morgon vaknade Pierogi till ljudet av **skratt**. Han kikade ut under täcket och såg att kvinnans barn lekte med honom. De hade gjort en liten säng åt honom

tak wzruszony dobrocią kobiety i jej dzieci, że zaczął płakać. Dzieci przestały się **bawić** i podeszły do niego, aby go pocieszyć, delikatnie klepiąc go po głowie, gdy ten z powrotem zasnął. Kiedy Pierogi obudził się ponownie, był już dzień. Kobiety i jej dzieci już nie było, ale zostawili mu na śniadanie talerz z pierogami. Pierożek był tak szczęśliwy, że zjadł wszystkie, po czym wrócił do snu z pełnym brzuchem i ciepłym **sercem**. Pierożek mieszkał z kobietą i jej dziećmi przez wiele lat i zawsze był szczęśliwy. Nigdy nie zapomniał ciemnej i burzliwej nocy, kiedy po raz pierwszy został przygarnięty i każdego dnia był wdzięczny za **dobroć** swojej nowej rodziny.

Pewnego dnia, gdy Pierogi były już bardzo stare i **siwe,** dzieci kobiety dorosły i wyprowadziły **się**. Kobieta również przygotowywała się do przeprowadzki, aby zamieszkać ze swoją córką w innym mieście. Przyszła pożegnać się z Pierogiem i mocno go **przytuliła**. Pierogi patrzył, jak kobieta odjeżdża, a potem wrócił do **domu**. Czuł się bardzo pusty bez niej, ale Pierogi wiedział, że wszystko będzie **dobrze**. Miał wiele szczęśliwych wspomnień z czasów spędzonych ze swoją pierwszą rodziną i był pewien, że czeka go jeszcze wiele dobrych chwil. Pierogi przeżył resztę swoich dni w domu, otoczony wspomnieniami szczęśliwych chwil, które dzielił z kobietą i jej dziećmi.

av en gammal **skokartong, och** de låtsades mata honom med bitar av fantasimat. Pierogi blev så rörd av kvinnans och barnens vänlighet att han började gråta. Barnen slutade **leka** och kom över för att trösta honom och klappade honom försiktigt på huvudet när han grät sig till sömns. När Pierogi vaknade igen var det dag. Kvinnan och hennes barn var borta, men de hade lämnat en tallrik pierogi till frukost åt honom. Pierogi var så glad att han åt upp varenda en och sedan somnade han om med full mage och ett varmt **hjärta**. Pierogi bodde hos kvinnan och hennes barn i många år och han var alltid lycklig. Han glömde aldrig den mörka och stormiga natten när han först togs emot, och han var tacksam varje dag för sin nya familjs **vänlighet.**

En dag, när Pierogi var mycket gammal och **grå,** hade kvinnans barn vuxit upp och **flyttat bort**. Kvinnan höll på att göra sig redo att flytta också, för att bo med sin dotter i en annan stad. Hon kom för att ta farväl av Pierogi och gav honom en stor **kram**. Pierogi såg på när kvinnan körde iväg och gick sedan tillbaka in i **huset**. Det kändes väldigt tomt utan henne där, men Pierogi visste att han skulle **klara sig**. Han hade många lyckliga minnen från tiden med sin första familj, och han var säker på att det fanns många fler bra stunder framför honom. Pierogi levde resten av sina dagar i huset, omgiven av minnen av de lyckliga stunder han hade delat med kvinnan och hennes barn.

Pytania dotyczące rozumienia tekstu

1. Co robi Pierożek, gdy słyszy kroki schodzące do piwnicy?

2. Dlaczego kobieta była zła, gdy znalazła Pierogi w swojej piwnicy?

3. Co kobieta zrobiła dla Pieroga po tym, jak postanowiła go przygarnąć?

4. Jak czuł się Pierożek, gdy obudził się na dźwięk śmiechu?

5. Dlaczego Pierogi był wdzięczny swojej nowej rodzinie?

6. Kiedy Pierogi ponownie widzi kobietę po jej wyprowadzce?

7. Co robi Pierogi, gdy kobieta przychodzi się pożegnać?

8. Jak czuje się Pierożek po wyjściu kobiety?

9. Co Pierogi robi z resztą swoich dni?

10. Dlaczego Pierogi nigdy nie zapomni o swojej rodzinie?

Frågor om förståelse

1. Vad gör Pierogi när han hör fotsteg som kommer ner i källaren?

2. Varför blev kvinnan arg när hon hittade Pierogi i sin källare?

3. Vad gjorde kvinnan för Pierogi när hon bestämde sig för att ta emot honom?

4. Hur kände sig Pierogi när han vaknade upp till ljudet av skratt?

5. Varför var Pierogi tacksam mot sin nya familj?

6. När träffar Pierogi kvinnan igen efter att hon flyttat?

7. Vad gör Pierogi när kvinnan kommer för att ta farväl?

8. Hur känner sig Pierogi efter att kvinnan har gått?

9. Vad gör Pierogi resten av sina dagar?

10. Varför kommer Pierogi aldrig att glömma sin familj?

Solidarność

Był początek lat 80-tych w Polsce, a kraj był w stanie **zamętu**. Związek Radziecki zainstalował w Polsce komunistyczny rząd po II wojnie światowej, a ludzie byli **zmęczeni** uciskiem. Chcieli zmian. W sierpniu 1980 roku robotnicy w Stoczni Gdańskiej rozpoczęli strajk, protestując przeciwko warunkom pracy i niskim płacom. Lech Wałęsa, **elektryk w** stoczni, stał się liderem strajkujących. Pomógł wynegocjować porozumienie z dyrekcją, które obejmowało podwyżki i poprawę warunków pracy. To wydarzenie zapoczątkowało ogólnokrajowy ruch na rzecz reform, znany jako Solidarność. Przez ponad rok Solidarność walczyła o demokrację i prawa człowieka w Polsce. W grudniu 1981 roku rząd wprowadził stan wojenny, próbując w ten sposób **zdławić** ruch. Jednak Solidarność kontynuowała pokojową walkę o **reformy** przez całe lata osiemdziesiąte, aż w końcu osiągnęła sukces w 1989 roku, kiedy to komunizm upadł w całej Europie Wschodniej. Był gorący letni dzień w Gdańsku i stoczniowcy pocili się podczas pracy. Lech Wałęsa, elektryk, pracował na **dźwigu,** gdy usłyszał krzyki dochodzące z drugiej strony stoczni. Zszedł na dół, by zobaczyć, co się dzieje.

Grupa robotników zebrała się wokół brygadzisty,

Solidarność

Det var i början av 1980-talet i Polen och landet befann sig i en **bråkig** situation. Sovjetunionen hade installerat en kommunistisk regering i Polen efter andra världskriget, och folket var **trött på att** vara förtryckt. De ville ha förändring. I augusti 1980 strejkade arbetarna på varvet i Gdańsk för att protestera mot arbetsförhållanden och låga löner. Lech Wałęsa, en **elektriker** på varvet, framstod som ledare för de strejkande. Han hjälpte till att förhandla fram ett avtal med företagsledningen som innehöll löneförhöjningar och förbättrade arbetsvillkor. Denna händelse utlöste en landsomfattande reformrörelse som kallades Solidarność (Solidaritet). I över ett år kämpade Solidaritet för demokrati och mänskliga rättigheter i Polen. I december 1981 införde regeringen undantagstillstånd i ett försök att **krossa** rörelsen. Solidaritet fortsatte dock att fredligt kämpa för **reformer** under hela 1980-talet tills den slutligen nådde framgång 1989 när kommunismen kollapsade i hela Östeuropa. Det var en varm sommardag i Gdansk och varvsarbetarna svettades när de slet. Lech Wałęsa, en elektriker, arbetade på en **kran** när han hörde rop från andra sidan varvet. Han klättrade ner för att se vad som pågick.

który na nich krzyczał. Brygadzista domagał się, aby wrócili do pracy, bo w przeciwnym razie odbierze im wynagrodzenie. Robotnicy byli wściekli i nie chcieli **ustąpić**. Wałęsa wystąpił i zapytał brygadzistę, co się dzieje. Brygadzista powiedział mu, że kierownictwo postanowiło obniżyć płace o 10 procent. Wałęsa nie mógł w to uwierzyć! Wiedział, że robotnicy nie mogą sobie pozwolić na kolejną obniżkę - wielu z nich już teraz walczy o przetrwanie. Wałęsa zwołał **zebranie pracowników, a ci** zdecydowali się na **strajk**. Założyli pikiety i zaczęli rozprzestrzeniać się po innych stoczniach w całej Polsce. Wkrótce strajki wybuchały w całym kraju. Rząd zareagował, wysyłając policję i **żołnierzy,** aby rozbić protesty. Jednak ludzie nie dali się uciszyć. Nie ustawali w walce o swoje prawa, nawet jeśli wiązało się to z **przemocą ze** strony rządzących.

En grupp arbetare hade samlats runt en förman som skrek åt dem. Förmannen krävde att de skulle återgå till arbetet, annars skulle han dra in deras lön. Arbetarna var arga och vägrade att **ge sig**. Wałęsa gick fram och frågade förmannen vad som pågick. Förmannen berättade att ledningen hade beslutat att sänka lönerna med 10 procent över hela **linjen**. Wałęsa kunde inte tro det! Han visste att arbetarna inte hade råd med ytterligare en lönesänkning - många kämpade redan för att klara sig. Wałęsa **sammankallade** arbetarna till ett **möte och** de beslutade att gå ut i **strejk**. De satte upp strejkvakter och började sprida budskapet till andra varv i Polen. Snart bröt strejker ut över hela landet. Regeringen svarade med att skicka in poliser och **soldater för att** bryta upp protesterna. Folket skulle dock inte låta sig tystas. De fortsatte att kämpa för sina rättigheter, även när det innebar att de fick möta **våld** från makthavarna.

Pytania dotyczące rozumienia tekstu

1. Jak nazywał się ruch, który walczył o demokrację i prawa człowieka w Polsce?

2. W którym roku zaczęto wprowadzać stan wojenny, próbując zdławić ruch?

3. Kto był przywódcą ruchu “Solidarności”?

4. Przeciwko czemu protestowali robotnicy, przystępując do strajku?

5. Dlaczego rząd odpowiedział wysłaniem policji i żołnierzy w celu rozbicia protestów?

6. Jakie porozumienie pomógł wynegocjować Lech Wałęsa z kierownictwem?

7. O co walczyli mieszkańcy Polski?

8. Co się stało w 1989 roku?

9. Jakie jest dziedzictwo ruchu “Solidarności”?

10. Czym żyje duch Solidarności w sercach tych, którzy walczą o lepszy świat?

Frågor om förståelse

1. Vad hette rörelsen som kämpade för demokrati och mänskliga rättigheter i Polen?

2. Vilket år började man införa undantagstillstånd för att försöka krossa rörelsen?

3. Vem var ledare för Solidaritetsrörelsen?

4. Vad protesterade arbetarna mot när de strejkade?

5. Varför svarade regeringen med att skicka in poliser och soldater för att bryta upp protesterna?

6. Vilket avtal hjälpte Lech Wałęsa till att förhandla fram med ledningen?

7. Vad kämpade folket i Polen för?

8. Vad hände 1989?

9. Vad är arvet från solidaritetsrörelsen?

10. Vad är det som Solidaritetens anda lever vidare i hjärtat på dem som kämpar för en bättre värld?

Kraków

Kraków był kiedyś tętniącym życiem miastem, pełnym życia i **energii**. Teraz jednak jest cieniem dawnego siebie. Ulice są puste, budynki **się rozpadają,** a jedynym dźwiękiem jest wiatr wiejący przez opuszczone ulice. Nie zawsze tak było. Jeszcze kilka lat temu Kraków kwitł. Ale potem przyszła **wojna**. A wraz z nią śmierć i zniszczenie. Miasto było bezlitośnie bombardowane, aż pozostały z niego tylko gruzy i popioły. Teraz jest to miasto duchów, pamiątka po tym, co było kiedyś. Ale są jeszcze ludzie, którzy nie chcą rezygnować z Krakowa. Wciąż żyją w ruinach, pragnąc odbudować swoje miasto i sprawić, by znów tętniło życiem. Jedną z takich osób jest Janina. **Urodziła się** i wychowała w Krakowie i kocha swoje miasto całym sercem. Każdego dnia niestrudzenie pracuje nad usuwaniem **gruzu** i naprawianiem tego, co da się naprawić. To **powolny** proces, ale nie przeszkadza jej to, bo wie, że pewnego dnia Kraków powstanie na nowo.

Pewnego dnia Janina pracuje przy oczyszczaniu fragmentu ulicy, gdy słyszy **hałas**. Rozgląda się, ale nikogo tam nie ma. Wzrusza ramionami i wraca do pracy, ale hałas jest coraz głośniejszy. W końcu nie może już dłużej wytrzymać, musi zobaczyć, co

Kraków

Kraków var en gång en livlig stad full av liv och **energi**. Men nu är den en skugga av sitt forna jag. Gatorna är tomma, byggnaderna **faller sönder och det** enda ljudet är vinden som blåser genom de öde gatorna. Det har inte alltid varit så här. För bara några år sedan var Kraków blomstrande. Men sedan kom **kriget**. Och med det kom död och förstörelse. Staden bombades skoningslöst tills det inte fanns något annat kvar än spillror och aska. Nu är det en spökstad, en påminnelse om vad som en gång var. Men det finns fortfarande människor som vägrar att ge upp Kraków. De fortsätter att leva i ruinerna, fast beslutna att återuppbygga sin stad och få den att blomstra igen. En av dessa människor är Janina. Hon är **född** och uppvuxen i Kraków och hon älskar sin stad av hela sitt hjärta. Varje dag arbetar hon outtröttligt för att rensa bort **spillrorna** och reparera det som kan repareras. Det är en **långsam** process, men hon bryr sig inte om det eftersom hon vet att Kraków en dag kommer att resa sig igen.

En dag arbetar Janina med att röja en del av gatan när hon hör ett **ljud**. Hon tittar sig omkring, men det finns ingen där. Hon rycker på axlarna och fortsätter att arbeta, men ljudet blir allt högre. Till slut orkar hon inte

wydaje ten dźwięk. Podąża za hałasem, aż dochodzi do małego **otworu** w ziemi. Wygląda to na jakiś rodzaj tunelu. I wtedy słyszy go ponownie: słaby **głos wołający** o pomoc. Bez wahania Janina wchodzi do tunelu. Jest ciemny, ciasny, pełen zakrętów. Ale nie zatrzymuje się, bo ktoś potrzebuje jej pomocy. Po godzinach czołgania się w ciemnościach Janina dociera do małej komory, w której uwięziona jest **osoba.** Jest ranny i odwodniony, ale żyje. Z pomocą Janiny udaje im się wyjść z tunelu i wrócić do miasta. "Myśleliśmy, że wszyscy nas porzucili - mówią słabo -" Ale ty po nas wróciłeś."“Nigdy nie mogłabym opuścić swojego domu" - odpowiada z uśmiechem Janina. I od tej **chwili** wie, że Kraków nigdy nie będzie naprawdę stracony, dopóki są ludzie, którym zależy na nim na **tyle,** by walczyć o jego przetrwanie.

W dzisiejszych czasach Kraków powoli, ale skutecznie wraca do życia. Janina i inni **mieszkańcy** niestrudzenie pracowali nad jego **odbudową**, a ich wysiłki w końcu zaczynają się opłacać. Miasto nadal jest dalekie od tego, co było kiedyś, ale nie jest już miastem duchów. Znów mieszkają tu ludzie, a firmy zaczynają się otwierać. Przed nami długa **droga,** ale Janina wie, że dzięki niej Kraków znów będzie **tętnił życiem.** Janina pracuje nad nowym projektem, który ma pomóc w rewitalizacji miasta.

längre; hon måste se vad det är som orsakar ljudet. Hon följer ljudet tills hon kommer till en liten **öppning** i marken. Det ser ut som någon slags tunnel. Sedan hör hon det igen: en svag **röst som** ropar på hjälp. Utan att tveka klättrar Janina ner i tunneln. Den är mörk och trång och full av vändningar. Men hon stannar inte för att någon behöver hennes hjälp. Efter vad som känns som timmar av krypande genom mörkret kommer Janina slutligen fram till en liten kammare där **personen** är instängd. De är skadade och uttorkade, men de lever. Med Janinas hjälp tar de sig ut ur tunneln och tillbaka in i staden. "Vi trodde att alla hade övergivit oss", säger de svagt." Men du kom tillbaka för oss." "Jag skulle aldrig kunna överge mitt hem", svarar Janina med ett leende. Och från och med den **stunden** vet hon att Kraków aldrig kommer att vara riktigt förlorat så länge det finns människor som bryr sig **tillräckligt mycket** om staden för att kämpa för dess överlevnad.

I dag börjar Kraków sakta men säkert vakna till liv igen. Janina och de andra **invånarna** har arbetat outtröttligt för att **återuppbygga** staden, och deras ansträngningar börjar äntligen ge resultat. Staden är fortfarande långt ifrån vad den en gång var, men den är inte längre en spökstad. Det finns människor som bor här igen, och företag börjar öppna upp. Det är en lång **väg** att gå, men Janina vet att den till slut kommer att få Kraków att **blomstra** igen. Janina arbetar på ett nytt projekt för att bidra till att återuppliva staden.

Pytania dotyczące rozumienia tekstu

1. Jaki był Kraków przed wojną?

2. Jak wojna wpłynęła na Kraków?

3. Kim jest Janina?

4. Co jest celem Janiny?

5. Co robi Janina, gdy słyszy hałas?

6. Skąd pochodzi ten hałas?

7. Kto jest uwięziony w tunelu?

8. Jak Janina myśli o przyszłości Krakowa?

9. Jaki jest nowy projekt Janiny?

10. Co czuje Janina, gdy idzie ulicami miasta?

Frågor om förståelse

1. Hur såg Kraków ut före kriget?

2. Hur påverkade kriget Kraków?

3. Vem är Janina?

4. Vad är Janinas mål?

5. Vad gör Janina när hon hör ett ljud?

6. Varifrån kommer bullret?

7. Vem är instängd i tunneln?

8. Vad tycker Janina om Krakóws framtid?

9. Vad är Janinas nya projekt?

10. Hur känner sig Janina när hon går genom gatorna?

Na plaży

Po wschodzie słońca fale są głośniejsze, a piasek nad odpływem jest biały. Schodzę na plażę, **podziwiając** morze i słońce. Moje palce czują żłobienia muszelek. Piasek jest zimny na moich palcach. Uśmiecham się i idę dalej. Przypływ jest wysoki, więc muszę uważać, żeby nie dać się wciągnąć. Idę wzdłuż brzegu wody, podziwiając morze. Wschód słońca jest **piękny**, a fale rozbijają się o siebie. Czuję się tak spokojnie. Dochodzę do miejsca, gdzie jest wychodnia skalna. Siadam i patrzę na fale. Woda jest tak niebieska, a niebo tak **pomarańczowe**. Czuję się jak we śnie. Zamykam oczy i po prostu słucham fal. Siedziałam tam przez długi czas, aż usłyszałam, że ktoś woła moje imię.

Otwieram oczy i widzę mamę idącą w moją stronę. Ma zmartwiony wyraz twarzy. Uśmiecham się i macham, a ona się **odpręża**. “Zastanawiałam się, gdzie poszedłeś”, mówi. “Cieszę się, że podoba ci się plaża”. Odpowiadam: “Tak jest.” “Tu jest tak pięknie”. “Wiem”, mówi. “Przychodziłam tu cały czas, gdy byłam w twoim wieku”. “Naprawdę?” pytam. “Tak,” odpowiada. “To wyjątkowe miejsce.””Czy spotkałaś tu kiedyś kogoś wyjątkowego?” pytam. “Tak,” odpowiada z uśmiechem. “Twojego ojca.” “Naprawdę?” mówię, **zaskoczony**. “Tak,” mówi. “Przychodziliśmy tu razem przez cały

På stranden

Efter soluppgången är vågorna högre och sanden ovanför tidvattnet är vit. Jag går ner till stranden och **beundrar** havet och solen. Mina tår känner skalens rännor. Sanden är kall på mina tår. Jag ler och fortsätter att gå. Tidvattnet är högt, så jag måste vara försiktig så att jag inte dras in. Jag går längs vattenkanten och beundrar havet. Soluppgången är **vacker och** vågorna slår mot varandra. Jag känner mig så fridfull. Jag kommer till en plats där det finns en klippavsats. Jag sätter mig ner och tittar på vågorna. Vattnet är så blått och himlen är så **orange**. Det känns som om jag befinner mig i en dröm. Jag blundar och lyssnar bara på vågorna. Jag satt där länge tills jag hörde någon ropa mitt namn.

Jag öppnar ögonen och ser min mamma gå mot mig. Hon har en orolig blick i ansiktet. Jag ler och vinkar och hon **slappnar av**. “Jag undrade vart du tog vägen”, säger hon. “Jag är glad att du njuter av stranden.” Jag svarar: “Det gör jag.” “Det är så vackert här.” “Jag vet”, säger hon. “Jag brukade komma hit hela tiden när jag var i din ålder.” “Verkligen?” Jag frågar. “Ja”, svarar hon. “Det är ett speciellt ställe.” “Träffade du någonsin någon speciell person här?” Jag frågar. “Det har jag gjort”, svarar hon med ett leende. “Din far.” “Verkligen?”

czas. To tutaj się zakochaliśmy. " Uśmiecham się, **wyobrażając sobie** moich rodziców zakochujących się na tej pięknej plaży. "To wyjątkowe miejsce," powtarza. "Cieszę się, że przyszliście tu dzisiaj".

Siedzimy tam jeszcze przez chwilę, **obserwując** fale i zachód słońca. Potem wstajemy i idziemy z powrotem do naszych plażowych ręczników. Ja kładę się i patrzę w gwiazdy. Czuję się taka szczęśliwa i zadowolona. Fale są teraz głośniejsze, a piasek jest zimny. Słońce zachodzi i wieje chłodna bryza. Fale rozbijają się o brzeg, a w powietrzu unosi się zapach soli. To idealny wieczór, aby być na plaży. Idę wzdłuż brzegu, **słuchając** szumu fal i obserwując zachód słońca. Widzę grupę ludzi siedzących na piasku, śmiejących się i żartujących. Wygląda na to, że świetnie się bawią. Podchodzę do nich i pytam, czy mogę do nich dołączyć. Zgadzają się i spędzamy resztę wieczoru rozmawiając, śmiejąc się i oglądając zachód **słońca**. To doskonały wieczór. Razem z grupą rozmawiamy aż do zachodu słońca. Dzielimy się historiami i żartami i wszyscy świetnie się bawimy. Gdy noc zaczyna zapadać, wszyscy zaczynamy czuć się zmęczeni. Całujemy się na **pożegnanie** i rozstajemy. Wracam do mojego hotelu, czując się szczęśliwa i zadowolona. Nie mogę uwierzyć, jak pięknie tu jest. Jestem szczęśliwa, że mogłam tego **doświadczyć**.

Jag säger **förvånad**. “Ja”, säger hon. “Vi brukade komma hit hela tiden tillsammans. Det var här vi blev förälskade. “ Jag ler och **föreställer mig** mina föräldrar som förälskade sig på denna vackra strand. “Det är en speciell plats”, upprepar hon. “Jag är glad att du kom hit i dag.”

Vi sitter där ett tag till och **tittar på** vågorna och solnedgången. Sedan reser vi oss upp och går tillbaka till våra strandhanddukar. Jag lägger mig ner och tittar på stjärnorna. Jag känner mig så lycklig och nöjd. Vågorna är högre nu och sanden är kall. Solen håller på att gå ner och en sval bris blåser. Vågorna slår mot stranden och doften av salt ligger i luften. Det är en perfekt kväll att vara på stranden. Jag går längs stranden, **lyssnar** på vågornas ljud och tittar på solnedgången. Jag ser en grupp människor som sitter i sanden och skrattar och skämtar. De ser ut att ha det jättebra. Jag går fram till dem och frågar om jag får göra dem sällskap. De säger ja och vi tillbringar resten av kvällen med att prata, skratta och titta på **solnedgången**. Det är en perfekt kväll. Gruppen och jag pratar tills solen går ner. Vi delar med oss av historier och skämt och vi har alla väldigt roligt. När kvällen börjar falla börjar vi alla känna oss trötta. Vi kysser varandra **adjö** och går skilda vägar. Jag går tillbaka till mitt hotell och känner mig lycklig och nöjd. Jag kan inte fatta hur härligt det är här. Jag är så lyckligt lottad som har fått **uppleva** det.

Pytania dotyczące rozumienia tekstu

1. Gdzie idzie narratorka po przebudzeniu?

2. Co podziwia narratorka, spacerując po plaży?

3. Na co musi uważać narratorka, spacerując po plaży?

4. Gdzie siada narrator, by podziwiać widok?

5. Jak długo narrator tam siedzi?

6. Kogo widzi narratorka, gdy ponownie otwiera oczy?

7. Co mówi matka narratora?

8. O czym rozmawiają narratorka i spotkani przez nią ludzie?

Frågor om förståelse

1. Vart går berättaren efter att hon vaknat?

2. Vad beundrar berättaren när hon går längs stranden?

3. Vad måste berättaren se upp för när hon går längs stranden?

4. Var sätter sig berättaren för att njuta av utsikten?

5. Hur länge sitter berättaren där?

6. Vem ser berättaren när hon öppnar ögonen igen?

7. Vad säger berättarens mamma?

8. Vad pratar berättaren och de människor hon träffar om?

Kemping nad jeziorem

Idę w stronę jeziora, **podziwiając** spokój tej sceny. Słońce bije w dół na małym jeziorze, sprawiając, że woda wygląda jak tafla szkła. Jedyny ruch to sporadyczne falowanie ryby **przełamującej** powierzchnię. Nawet ptaki wydają się odpoczywać od upału, a powietrze wypełnia jedynie dźwięk cykad. **Nagle** spokój zostaje przerwany przez głośny plusk. Duża **ryba** wyskoczyła z wody, próbując złapać ważkę. Ryba nie trafia w cel i z pluskiem wpada z powrotem do wody. "Wow", myślę sobie, "to była duża ryba!". Rozejrzałem się, żeby zobaczyć, czy ktoś jeszcze to widział, ale nikogo nie było w pobliżu. Chyba będę musiał im powiedzieć, gdy wrócę do obozu.

Upał jest **uciążliwy**, przez co trudno jest oddychać. Powietrze jest gęste i ciężkie, jak owinięty wokół ciebie koc. Jedyną ulgę przynosi woda. Jest chłodna i odświeżająca, jak zimny napój w gorący dzień. Biorę głęboki oddech i zanurzam się w wodzie. Ulga jest natychmiastowa, bo chłodna woda mnie otacza. Płynę do dna, a następnie wypływam na powierzchnię, czując jak woda chłodzi moje ciało. Kontynuuję **pływanie w** kółko, ciesząc się wytchnieniem od upału. Po chwili wychodzę z wody i kładę się na trawie, pozwalając

Camping vid sjön

Jag går mot sjön och **beundrar den** fridfulla scenen. Solen slår ner på den lilla sjön och får vattnet att se ut som en glasskiva. Den enda rörelsen är enstaka krusningar från en fisk som **bryter** ytan. Till och med fåglarna verkar ta en paus från värmen, endast ljudet av cikador fyller luften. **Plötsligt** bryts lugnet av ett högt plask. En stor **fisk** har hoppat upp ur vattnet och försöker fånga en trollslända. Fisken missar sitt mål och faller tillbaka i vattnet med ett plask. “Wow”, tänker jag för mig själv, “det var en stor fisk!”. Jag tittade mig omkring för att se om någon annan hade sett den, men det fanns ingen i närheten. Jag antar att jag får berätta för dem när jag kommer tillbaka till lägret.

Värmen är **tryckande och det är** svårt att andas. Luften är tjock och tung, som en filt som sveps runt dig. Den enda lättnaden finns i vattnet. Det är svalt och uppfriskande, som en kall dryck en varm dag. Jag tar ett djupt andetag och dyker ner i vattnet. Lättnaden är omedelbar när det svala vattnet omger mig. Jag simmar ner till botten och sedan tillbaka upp till ytan och känner hur vattnet kyler min kropp. Jag fortsätter att **simma** varv, och njuter av andningen från värmen. Efter ett tag stiger jag upp ur vattnet och lägger mig på gräset för

słońcu osuszyć moje ciało. Zamykam oczy i odpływam w sen, dźwięk **cykad** kołysa mnie do głębokiej drzemki. Pozwalam słońcu wypalić wodę z mojej skóry. Czuję, że moja skóra robi się czerwona, ale nie przejmuję się tym. Jestem zbyt gorący, by się tym przejmować. Następną rzeczą, którą wiem, jest zachodzące słońce. Niebo jest piękne pomarańczowe, ze smugami różu i fioletu. Upał zniknął, zastąpiony przez chłodną **bryzę**.

Wstaję i zakładam z powrotem ubrania, czując się odświeżona i odmłodzona. Biorę głęboki **oddech** chłodnego powietrza i uśmiecham się. Dobrze jest być żywym. Wracam do kempingu, podziwiając sposób, w jaki kolory tańczą na niebie. Widzę ognisko płonące w oddali i czuję dym w powietrzu. Uśmiecham się i **przyspieszam** kroku. Jestem gotowy, aby zrelaksować się i cieszyć się resztą mojego wieczoru. Wchodzę na kemping i widzę, że wszyscy zgromadzili się wokół ogniska. **Śmieją** się i żartują, a ja widzę ogień odbijający się w ich oczach. Uśmiecham się i siadam obok moich przyjaciół. Dobrze jest być z powrotem. Następnego ranka budzę się wcześnie i zaczynam pakować swoje rzeczy. Jestem chętny, aby wrócić na szlak i kontynuować moją podróż. Żegnam się z moimi przyjaciółmi i zaczynam iść dalej. Idąc, po raz ostatni spoglądam na pole **namiotowe**. Widzę w oddali płonący ogień i czuję dym w powietrzu. Uśmiecham się i przyspieszam kroku. Jestem gotowy do kontynuowania mojej **podróży**.

att låta solen torka min kropp. Jag sluter ögonen och somnar, ljudet av **cikadorna** vaggar mig in i en djup sömn. Jag låter solen bränna vattnet ur min hud. Jag känner hur min hud blir röd, men jag bryr mig inte. Jag är för varm för att bry mig. nästa sak jag vet är att solen går ner. Himlen är vackert orange med strimmor av rosa och lila. Hettan är borta och ersätts av en sval **bris**.

Jag reser mig upp och tar på mig kläderna igen, känner mig fräsch och föryngrad. Jag tar ett djupt **andetag** av den svala luften och ler. Det känns bra att vara vid liv. Jag går tillbaka till lägerplatsen och beundrar hur färgerna dansar på himlen. Jag ser lägerelden brinna i fjärran och känner lukten av rök i luften. Jag ler och **ökar** tempot. Jag är redo att slappna av och njuta av resten av kvällen. Jag går in på lägerplatsen och ser att alla är samlade runt elden. De **skrattar** och skämtar, och jag kan se elden spegla sig i deras ögon. Jag ler och sätter mig bredvid mina vänner. Det är skönt att vara tillbaka. Nästa morgon vaknar jag tidigt och börjar packa mina saker. Jag är ivrig att komma tillbaka på leden och fortsätta min resa. Jag tar farväl av mina vänner och börjar gå iväg. När jag går tar jag en sista titt på **lägerplatsen**. Jag kan se att elden fortfarande brinner i fjärran och jag kan känna lukten av rök i luften. Jag ler och ökar tempot. Jag är redo att fortsätta min **resa**.

Pytania dotyczące rozumienia tekstu

1. Dokąd zmierza piechur?

2. Jaka to jest pogoda?

3. Jak wygląda woda?

4. Jak spacerowicz reaguje na upał?

5. Co robi ta ryba?

6. Dlaczego spacerowicz jest sam?

7. Jakie wrażenie robi woda?

8. Jak czuje się chodzący po pływaniu?

9. O jakiej porze dnia budzi się chodzący?

10. Dokąd idzie spacerowicz po opuszczeniu obozu?

Frågor om förståelse

1. Vart är gående på väg?

2. Vilket väder är det?

3. Hur ser vattnet ut?

4. Hur reagerar gående på värmen?

5. Vad gör fisken?

6. Varför är vandraren ensam?

7. Hur känns vattnet?

8. Hur känner sig gångaren efter simningen?

9. Vilken tid på dygnet är det när den rullatorn vaknar?

10. Vart tar vandraren vägen när han lämnar lägret?

Dom

Wprowadziłem się do mojego nowego domu w zeszłym tygodniu i jestem tak **podekscytowany**! Jest o wiele większy niż mój stary i ma duże podwórko. Nie mogę się doczekać, żeby mieć przyjaciół na grilla i imprezy. Moją **ulubioną** częścią jest moja nowa sypialnia. Jest taka duża i jasna, a ja mam dużo miejsca na wszystkie swoje rzeczy. Jestem naprawdę zadowolona z mojego nowego domu i myślę, że będę tu bardzo szczęśliwa. Postanowiłam jeszcze trochę pozwiedzać dom. Poszłam na górę na drugie piętro i zaczęłam torować sobie drogę do kuchni, kiedy zobaczyłam wielkiego czarnego pająka na ścianie! Krzyknęłam i zbiegłam na dół. Byłam tak **przerażona**!!! Jednak po kilku minutach uspokoiłam się i postanowiłam wrócić na górę. Powoli pokonałam drogę do kuchni i zobaczyłam, że pająka już nie ma. Tak bardzo mi ulżyło! Wróciłem na dół i postanowiłem wyjść na zewnątrz, aby zbadać **podwórko**. To było takie duże! Nie mogłem w to uwierzyć. Widziałem zestaw huśtawek w rogu i zjeżdżalnię. Widziałem też siatkę do koszykówki i **trampolinę**. Byłem tak podekscytowany!

Nie mogę się doczekać, aż użyję tych wszystkich nowych rzeczy. **Sąsiedzi** przyszli i przedstawili się. Wydawali się naprawdę mili i rozmawialiśmy przez

Huset

Jag flyttade in i mitt nya hus förra veckan, och jag är så **glad**! Det är så mycket större än mitt gamla och har en stor bakgård. Jag kan inte vänta på att få bjuda in vänner till grillkvällar och fester. Min favoritdel är mitt nya sovrum. Det är så stort och ljust, och jag har massor av utrymme att ställa alla mina saker. Jag är verkligen nöjd med mitt nya hus och jag tror att jag kommer att bli väldigt lycklig här. Jag bestämde mig för att utforska huset lite mer. Jag gick upp till andra våningen och började ta mig till köket när jag såg en stor svart spindel på väggen! Jag skrek och sprang ner för trappan. Jag var så **rädd**! Men efter några minuter lugnade jag mig och bestämde mig för att gå upp igen. Jag tog mig sakta fram till köket och såg att spindeln var borta. Jag var så lättad! Jag gick ner igen och bestämde mig för att gå ut och utforska **bakgården**. Den var så stor! Jag kunde inte tro det. Jag såg en gungställning i hörnet och en rutschkana. Jag såg också ett basketnät och en **studsmatta**. Jag var så uppspelt!

Jag kan inte vänta på att få använda alla dessa nya saker. **Grannarna** kom över och presenterade sig. De verkade riktigt trevliga och vi pratade en stund. De bjöd in mig till deras grillfest nästa helg, och jag sa att jag gärna vill komma. Jag har haft en fantastisk

chwilę. Zaprosili mnie na ich BBQ w następny weekend, a ja powiedziałem, że z przyjemnością przyjdę. Miałem świetny pierwszy tydzień w moim nowym domu i jestem podekscytowany wszystkimi nowymi przygodami, które są przed nami. Dzisiaj mam zamiar iść na poszukiwanie w podwórku ponownie i zobaczyć, co jeszcze mogę znaleźć. Kto wie, może nawet znajdę jakiś **skarb**. Nie mogę się doczekać, co przyniesie kolejny tydzień!
W następnym tygodniu znów poszedłem szukać na podwórku i znalazłem **tajemniczy** ogród. Był taki piękny! Wszędzie były kwiaty i mały staw z rybkami. Widziałem też zestaw huśtawek, którego wcześniej nie widziałem. Byłem tak podekscytowany, że znalazłem ten sekretny ogród i nie mogę się doczekać, aby go bardziej zbadać. To było takie **piękne**!

Wszędzie były kwiaty i mały staw z rybami w nim. Widziałem też zestaw **huśtawek,** którego wcześniej nie widziałem. Byłem tak podekscytowany, że znalazłem ten sekretny ogród i nie mogę się doczekać, aby go bardziej odkryć. Podobał mi się również mój nowy pokój. Był taki duży i jasny, a na ścianach były już plakaty moich ulubionych zespołów. Nie musiałam nawet przynosić żadnych własnych **mebli,** bo było tu już łóżko, komoda i biurko. To będzie najlepszy rok w życiu! Byłam trochę zdenerwowana rozpoczęciem nauki w nowej **szkole**, ale wszyscy moi nowi sąsiedzi byli tacy przyjaźni.

första vecka i mitt nya hus, och jag är förväntansfull inför alla nya äventyr som väntar. I dag ska jag gå på upptäcktsfärd i trädgården igen och se vad mer jag kan hitta. Vem vet, kanske hittar jag till och med en **skatt**. Jag kan inte vänta på att se vad nästa vecka kommer att föra med sig! Nästa vecka gick jag på upptäcktsfärd i trädgården igen och hittade en **hemlig** trädgård. Den var så vacker! Det fanns blommor överallt och en liten damm med fiskar i. Jag såg också en gungställning som jag inte hade sett förut. Jag blev så glad över att hitta den här hemliga trädgården och jag kan inte vänta på att utforska den mer. Den var så **vacker**!

Det fanns blommor överallt och en liten damm med fiskar i. Jag såg också en gungställning som jag inte hade sett förut. Jag var så glad över att hitta den här hemliga trädgården och jag kan inte vänta på att utforska den mer. Jag älskade också mitt nya rum. Det var så stort och ljust, och det fanns redan affischer med mina favoritband på väggarna. Jag behövde inte ens ta med mig några egna **möbler** eftersom det redan fanns en säng, en byrå och ett skrivbord här. Det här kommer att bli det bästa året någonsin! Jag var lite nervös över att börja på en ny **skola,** men alla mina nya grannar har varit så vänliga.

Pytania dotyczące rozumienia tekstu

1. Gdzie mieszka ta osoba?

2. Jak osobie podoba się w nowym domu?

3. Jaka jest ulubiona część nowego domu tej osoby?

4. Co osoba znalazła w ogrodzie?

5. Kim są sąsiedzi?

6. Jak wyglądały pierwsze dni osoby w nowym domu?

7. Jaka jest ulubiona część nowego pokoju osoby?

8. Co ta osoba planuje zrobić jutro?

9. Co było najlepszym elementem pierwszego tygodnia pobytu osoby w nowym domu?

10. Co jest wszystkim w nowym pokoju tej osoby?

Frågor om förståelse

1. Var bor personen?

2. Hur trivs personen i det nya huset?

3. Vad är personens favoritdel i det nya huset?

4. Vad hittade personen i trädgården?

5. Vilka är grannarna?

6. Hur kändes de första dagarna i det nya huset?

7. Vad är personens favoritdel i det nya rummet?

8. Vad planerar personen att göra i morgon?

9. Vad var det bästa med personens första vecka i det nya huset?

10. Vad finns i personens nya rum?

W pociągu

Pobiegłam na stację kolejową, ale byłam za późno. Pociąg odjechał już beze mnie. Czułam się taka **zła** i **rozczarowana** sobą. Planowałam pojechać pociągiem do dziadków, którzy mieszkają na wsi, ale teraz musiałam czekać całą godzinę na następny pociąg. Zdecydowałem się na spacer po mieście i próbowałem zapomnieć o straconej szansie. Podczas spaceru zacząłem **marzyć** o wszystkich miejscach, do których mogą zabrać cię **pociągi**. Nagle, nie byłem już tak zdenerwowany. I head back into the station and can't help but to notice the large red, white, and blue locomotive chugging its way towards me. Dopiero gdy widzę **konduktora** machającego do mnie z okna, zdaję sobie sprawę, że ten pociąg jest dla mnie. Wsiadam do pociągu i znajduję swoje miejsce siedzące, nastawiając się na to, co zapowiada długą podróż.

Kiedy wyjeżdżamy ze stacji, nie mogę przestać się zastanawiać, dokąd zabierze mnie ten pociąg. Przez zielone **pola** i błękitne rzeki, przez góry i doliny, nie wiadomo dokąd ten stary pociąg pojedzie. Gdy noc zaczyna zapadać, zapadam w **spokojny** sen, kołysany **rytmicznym** ruchem wagonów na torach poniżej. Gdy nadchodzi ranek, otwieram oczy i stwierdzam, że dotarliśmy do małego miasteczka gdzieś na odludziu.

På tåget

Jag sprang till tågstationen, men det var för sent. Tåget hade redan gått utan mig. Jag kände mig så **arg** och **besviken** på mig själv. Jag hade planerat att ta tåget för att besöka mina morföräldrar som bor på landet, men nu skulle jag behöva vänta en hel timme på nästa tåg. Jag bestämde mig för att gå runt i staden en stund i stället och försökte glömma min missade möjlighet. Medan jag gick började jag **dagdrömma** om alla de platser som **tågen** kan ta en till. Plötsligt var jag inte längre så upprörd. Jag går tillbaka in på stationen och kan inte låta bli att lägga märke till det stora röda, vita och blå lokomotivet som tuffar fram mot mig. Det är inte förrän jag ser **konduktören** vinka till mig från fönstret som jag förstår att det här tåget är till mig. Jag går ombord på tåget och hittar min plats och sätter mig ner för vad som lovar att bli en lång resa.

När vi lämnar stationen kan jag inte låta bli att undra vart tåget kommer att ta mig. Genom gröna **fält** och över blå floder, förbi berg och dalar, det går inte att säga vart det här gamla tåget kommer att ta vägen. När mörkret börjar falla glider jag in i en **fridfull** sömn, vaggad av den **rytmiska** rörelsen av vagnarna på spåren nedanför. När morgonen kommer igen öppnar jag ögonen och upptäcker att vi har anlänt till en liten

Słońce właśnie zagląda za horyzont, a mieszkańcy zaczynają się kręcić po głównej ulicy; wygląda to jak każdy inny dzień, z wyjątkiem jednej rzeczy - w pobliżu ratusza jest duży znak z napisem “Witamy na pokładzie!”. Wydaje się, że to małe miasteczko oczekiwało nas, mimo że jesteśmy tylko zwykłym pociągiem **pasażerskim** przejeżdżającym w drodze do innego miejsca. Kiedy po raz kolejny zostawiamy miasto za sobą, pędząc nie wiadomo dokąd, uśmiecham się do wszystkich przyjaznych twarzy machających na pożegnanie z tych małych domów położonych wśród **pól - to** naprawdę niesamowite, jak coś tak pozornie zwyczajnego może przynieść tyle radości po prostu przejeżdżając. A potem, oczywiście, są **dzieci**.

Wychylam się przez okno mojej lokomotywy. Zawsze mnie uszczęśliwiają swoimi błyszczącymi oczami i wielkimi uśmiechami. Pomachałem do nich energicznie, zanim wróciłem do mojej **kabiny** i zająłem miejsce. To był długi dzień, ale jeszcze się nie skończył, zostało jeszcze kilka godzin, zanim dotrzemy do **celu**. Wyciągam książkę i zaczynam czytać, pozwalając, by rytmiczne kołysanie pociągu wprowadziło mnie w spokojny stan. Co jakiś czas spoglądam na krajobraz, który mija na zewnątrz - nigdy się nie nudzi, niezależnie od tego, ile razy go widzę. W końcu noc zaczyna zapadać i w oddali zaczynają pojawiać się **migoczące** światła; jesteśmy już coraz bliżej.

stad någonstans mitt ute i ingenstans. Solen tittar precis över horisonten när lokalbefolkningen börjar mingla runt på Main Street; det ser ut som vilken dag som helst här förutom en sak - det finns en stor skylt uppsatt nära stadshuset där det står “Välkommen ombord!”. Det verkar som om den här lilla staden har väntat på oss, trots att vi bara är ett vanligt passagerartåg som passerar på väg någon annanstans. När vi återigen lämnar staden bakom oss och tuffar vidare mot vem vet vart vi ska, ler jag åt alla vänliga ansikten som vinkar adjö från de små husen som ligger inbäddade bland **jordbruksmarken - det** är verkligen fantastiskt hur något så till synes ordinärt kan ge så mycket glädje bara genom att passera. Och sedan finns det naturligtvis **barnen**.

Jag lutar mig ut genom fönstret på mitt lokomotiv. De får mig alltid att känna mig så lycklig med sina lysande ögon och stora leenden. Jag vinkade energiskt tillbaka till dem innan jag återvände till min **hytt** och satte mig ner. Det har redan varit en lång dag, men den är inte över än; det är fortfarande några timmar kvar tills vi når vår **slutdestination**. Jag tar fram min bok och börjar läsa och låter tågets rytmiska gungning vagga mig in i ett lugnt tillstånd. Då och då tittar jag upp på landskapet som passerar förbi utanför - det blir aldrig gammalt hur många gånger jag än ser det. Så småningom börjar det bli mörkt och **blinkande** ljus börjar synas i fjärran; vi börjar närma oss nu.

Pytania dotyczące rozumienia tekstu

1. Dokąd jedzie pociąg?

2. Kto podróżuje w pociągu?

3. Kiedy odjeżdża pociąg?

4. W jaki sposób bohater dostaje się do pociągu?

5. Skąd pochodzi pociąg?

6. Gdzie pociąg jedzie dalej?

7. Kiedy przyjechali pasażerowie?

8. Co czuje bohater, gdy spóźnia się na pociąg?

9. Jak reaguje maszynista pociągu, gdy widzi bohatera?

10. Dlaczego bohater lubi pociągi?

Frågor om förståelse

1. Vart är tåget på väg?

2. Vem reser med tåget?

3. När avgår tåget?

4. Hur kommer huvudpersonen ombord på tåget?

5. Varifrån kommer tåget?

6. Vart ska tåget åka nästa gång?

7. När anlände passagerarna?

8. Hur känner sig huvudpersonen när han missar tåget?

9. Hur reagerar lokföraren när han ser huvudpersonen?

10. Varför gillar huvudpersonen tåg?

Gotowanie Kolacja

Jest teraz godzina 17 i wracam z pracy do domu. Cieszę **się na** spokojny wieczór w domu z moim partnerem. Ugotujemy razem kolację, a potem po prostu zrelaksujemy się przez resztę nocy. Dobrze jest wiedzieć, że tego **wieczoru** nie mam żadnych planów ani zobowiązań. Przyjeżdżam do domu i mój partner jest już w kuchni, zaczynając przygotowywać naszą kolację. Pachnie tu **niesamowicie**! Rozmawiamy w trakcie gotowania, śledząc nawzajem swoje dni i dzieląc się małymi historiami z naszego życia zawodowego. Kuchnia jest moim ulubionym pomieszczeniem w naszym mieszkaniu. Uwielbiam gotować, a szczególnie uwielbiam gotować z moim partnerem. Zawsze dobrze się bawimy, śmiejąc się i żartując podczas gotowania. Dodatkowo, jedzenie jest zawsze **niesamowite,** kiedy pracujemy **razem**.

Dzisiaj robimy jeden z moich ulubionych przepisów: **kurczak** parmezan. Mój partner zaczyna od smażenia kurczaka, podczas gdy ja przygotowuję sos na **kuchence**. Pracujemy razem jak dobrze naoliwiona maszyna, a przed długi czas, obiad jest gotowy do podania. Siadamy przy naszym małym kuchennym stole z **talerzami wypełnionymi kurczakiem**

Matlagning av middag

Klockan är 17.00 och jag går hem från jobbet. Jag ser **fram emot en** lugn kväll hemma med min partner. Vi ska laga middag tillsammans och sedan bara slappna av resten av kvällen. Det känns skönt att veta att jag inte har några planer eller skyldigheter den här **kvällen**. Jag kommer hem och min partner står redan i köket och börjar förbereda vår middag. Det luktar **fantastiskt** här inne! Vi pratar medan vi lagar mat, tar del av varandras dagar och delar med oss av små historier från våra arbetsliv. Köket är mitt favoritrum i vår lägenhet. Jag älskar att laga mat, och jag älskar särskilt att laga mat tillsammans med min partner. Vi har alltid så roligt här inne, skrattar och skämtar medan vi lagar en storm. Dessutom blir maten alltid **otrolig** när vi arbetar **tillsammans**.

Ikväll ska vi laga ett av mina absoluta favoritrecept: **kyckling** parmesan. Min partner börjar med att panera kycklingen medan jag får såsen att sjuda på **spisen**. Vi arbetar tillsammans som en väloljad maskin och snart är middagen klar att serveras. Vi sätter oss vid vårt lilla köksbord med **tallrikar** fulla med kyckling parmesan, pasta och sallad. Vi klinkar i glasen och tar vår första tugga - och den är **himmelsk**! Kycklingen är krispig

parmezanem, makaronem i sałatką. Pijemy kieliszki i bierzemy pierwszy kęs - i to jest **niebiańskie**! Kurczak jest chrupiący na zewnątrz, ale soczysty w środku; sos jest aromatyczny i doskonały; makaron jest ugotowany al dente... wszystko smakuje dziś absolutnie idealnie. Oboje wiemy, że to była jedna z tych nocy, gdzie wszystko po prostu połączyło się idealnie, gdy **delektujemy się** każdym ostatnim kęsem naszego pysznego posiłku. Smakowało nawet lepiej niż pachniało - co było cholernie dobre! Kończymy nasz posiłek stosunkowo szybko, ponieważ żadne z nas nie jest dziś szczególnie głodne, ale nie spieszymy się, delektując się kilkoma kolejnymi **kieliszkami** wina podczas lekkiej pogawędki na ten i ów temat. Po kolacji szybko sprzątamy razem, a następnie przenosimy się do salonu, gdzie spędzamy trochę czasu **przytulając się do** kanapy podczas oglądania telewizji.

To takie miłe uczucie być blisko siebie po długim dniu **pracy**. Czuję się zadowolona. Mimo, że wieczór nie był pełen wrażeń, miło było po prostu spędzić trochę czasu razem, bez konieczności wychodzenia z domu. Obejrzeliśmy film i poszliśmy wcześnie spać, czując się **zadowoleni** z naszej prostej nocy. To stała się jedna z naszych **ulubionych** rzeczy do zrobienia w nocy, kiedy nie chcemy wychodzić - po prostu zrelaksować się w domu i cieszyć się swoim towarzystwem przy domowym posiłku. Zawsze miło jest wiedzieć, że możemy tu wrócić po długim dniu i po prostu być sobą.

på utsidan men saftig på insidan, såsen är smakrik och perfekt, pastan är kokt al dente... allt smakar helt perfekt i kväll. Vi vet båda att det här var en av de kvällar där allting bara kom samman perfekt när vi **njuter av** varenda tugga av vår utsökta måltid. Den smakade ännu bättre än den luktade - vilket var jäkligt bra! Vi äter upp vår måltid relativt snabbt eftersom ingen av oss är särskilt hungrig idag, men vi tar oss tid att njuta av ytterligare några **glas** vin medan vi pratar lättsamt om det ena eller andra ämnet. Efter middagen städar vi snabbt tillsammans och flyttar sedan in i vardagsrummet där vi tillbringar lite tid med att **mysa** i soffan medan vi tittar på TV.

Det känns så skönt att bara vara nära varandra efter en lång **arbetsdag**. Jag känner mig nöjd. Även om vi inte hade någon händelserik kväll var det trevligt att bara tillbringa lite tid tillsammans utan att behöva lämna huset. Vi tittade på en film och gick tidigt till sängs och kände oss **nöjda** med vår enkla kväll. Detta har blivit en av våra favoritsaker att göra på kvällar när vi inte vill gå ut - bara koppla av hemma och njuta av varandras sällskap över en hemlagad måltid. Det är alltid trevligt att veta att vi kan komma tillbaka hit efter en lång dag och bara vara oss själva.

Pytania dotyczące rozumienia tekstu

1. Skąd pochodzi narrator?

2. Co robi narrator po pracy?

3. Co narrator je na obiad?

4. Dlaczego narratorowi podoba się kuchnia?

5. Jakie danie gotuje ta para?

6. Jak czuje się narrator pod koniec wieczoru?

7. Co jest ulubionym zajęciem pary?

8. Co robi para, gdy jest zmęczona?

9. Gdzie oni śpią?

10. Dlaczego narrator lubi przebywać w domu?

Frågor om förståelse

1. Varifrån kommer berättaren?

2. Vad gör berättaren efter jobbet?

3. Vad äter berättaren till middag?

4. Varför gillar berättaren köket?

5. Vilken typ av maträtt lagar paret?

6. Hur känner sig berättaren i slutet av kvällen?

7. Vad är parets favoritsak att göra?

8. Vad gör paret när de blir trötta?

9. Var sover de?

10. Varför vill berättaren stanna hemma?

Walking Home

To była **spokojna** noc, kiedy szedłem do domu z pracy. Idąc, nie mogłem się powstrzymać od uśmiechu na wspomnienie. Dobrze było być z powrotem w mojej starej dzielnicy. Pomachałem do kilku osób, które znałem, a oni pomachali z powrotem. Dobrze było być w domu. Przechodziłem obok mojej starej szkoły i **przypomniałem sobie** wszystkie dobre czasy, które miałem z moimi przyjaciółmi. Zawsze wracaliśmy do domu razem i rozmawialiśmy o naszym dniu. **Czasami zatrzymywaliśmy się,** żeby kupić lody lub pójść do parku. To były najlepsze czasy. Brakuje mi tych czasów. Ale teraz mam własną rodzinę i jestem zadowolony z mojego życia. Cieszę się, że mogę spojrzeć wstecz na te wspomnienia i uśmiechnąć się. Są one częścią mojego życia, którą zawsze będę pielęgnować. To były najlepsze czasy. Tęsknię za tymi czasami. Ale teraz mam własną rodzinę i jestem zadowolony z mojego życia. Cieszę się, że mogę spojrzeć wstecz na te **wspomnienia** i uśmiechnąć się. Są one częścią mojego życia, którą zawsze będę cenić.

Idę dalej, myśląc o dobrych chwilach spędzonych z moimi przyjaciółmi. Wiem, że niedługo znów ich zobaczę. Kieruję się w stronę mojego domu i postanawiam przejść się po pobliskim parku.

Att gå hem

Det var en **lugn** natt när jag gick hem från jobbet. När jag gick kunde jag inte låta bli att le åt minnena. Det kändes bra att vara tillbaka i mitt gamla kvarter. Jag vinkade till några personer som jag kände och de vinkade tillbaka. Det var skönt att vara hemma. Jag gick förbi min gamla skola och **mindes** alla goda stunder som jag hade haft med mina vänner. Vi brukade alltid gå hem tillsammans och prata om vår dag. **Ibland** stannade vi och köpte glass eller gick till parken. Det var de bästa tiderna. Jag saknar dessa tider. Men nu har jag min egen familj och är nöjd med mitt liv. Jag är glad att jag kan se tillbaka på dessa minnen och le. De är en del av mitt liv som jag alltid kommer att uppskatta. Det var den bästa tiden. Jag saknar den tiden. Men nu har jag min egen familj och är lycklig med mitt liv. Jag är glad att jag kan se tillbaka på dessa **minnen** och le. De är en del av mitt liv som jag alltid kommer att uppskatta.

Jag fortsätter att gå och tänker på de fina stunderna med mina vänner. Jag vet att jag snart kommer att träffa dem igen. Jag går mot mitt hem och bestämmer mig för att gå genom en park i närheten. Solen håller på att gå ner och himlen får en **vacker** orange färg. Parken är tom, förutom några fåglar som kvittrar i träden. Jag tar ett djupt **andetag och** ler. När jag går genom parken

Słońce zachodzi, a niebo przybiera **piękny** pomarańczowy kolor. Park jest pusty, oprócz kilku ptaków ćwierkających na drzewach. Biorę głęboki **oddech** i uśmiecham się. Kiedy przechodzę przez park, widzę strzelającą gwiazdę, która rozciąga się po niebie. Wypowiedziałem życzenie do tej gwiazdy i kontynuowałem spacer. Myślę o moim dniu w pracy i o tym, jaki był **spokojny**. Uśmiecham się do siebie, myśląc o tym, jakie mam szczęście, że mam tak wspaniałą pracę. Idę do domu, **czując** chłodne nocne powietrze na swojej skórze. Czuję się tak żywy i szczęśliwy, po prostu ciesząc się prostym aktem chodzenia do domu w spokojną noc. Czułem się tak dobrze, że zacząłem **gwizdać**. Przeszedłem obok kilku osób na ulicy, ale wszyscy byli zajęci swoimi sprawami.

Skręciłem za róg mojej ulicy i zobaczyłem kota mojego sąsiada, pana Whiskersa, siedzącego na moim ganku. Przywitałem się z nim, a on odwzajemnił miauknięcie. **Odblokowałem** drzwi i wszedłem do środka. Byłam taka szczęśliwa, że jestem w domu. Zdjąłem buty i przygotowałem się do snu. Położyłam się do łóżka, czując się szczęśliwa i wdzięczna, moje serce było pełne miłości. Spałem spokojnie przez całą noc, nie martwiąc się o nic. Obudziłam się ze spokojnego snu i **powitało mnie** słońce świecące przez moje okno. Wstałem z łóżka i przeciągnąłem się, biorąc głęboki oddech i czując, jak chłodne powietrze wypełnia moje płuca.

ser jag ett stjärnskott röra sig över himlen. Jag önskar mig något på den stjärnan och fortsätter att gå. Jag tänker på min dag på jobbet och hur **fridfull** den var. Jag ler för mig själv och tänker på hur lycklig jag är som har ett så bra jobb. Jag går hem och **känner den** svala nattluften på min hud. Jag känner mig så levande och lycklig, när jag bara njuter av den enkla handlingen att gå hem en lugn natt. Jag kände mig så bra att jag började **vissla**. Jag gick förbi några människor på gatan, men alla skötte sig själva.

Jag svängde runt hörnet på min gata och såg grannens katt, Mr Whiskers, sitta på min veranda. Jag sa hej till honom och han mejade tillbaka. Jag **låste upp** min dörr och gick in. Jag var så glad över att vara hemma. Jag tog av mig skorna och gjorde mig redo för sängen. Jag gick till sängs den kvällen och kände mig glad och tacksam, mitt hjärta fullt av kärlek. Jag sov gott hela natten och oroade mig inte för någonting. Jag vaknade upp från en vilsam sömn och **möttes** av solen som sken in genom mitt fönster. Jag gick upp ur sängen och sträckte mig, tog ett djupt andetag och kände hur den svala luften fyllde mina lungor.

Pytania dotyczące rozumienia tekstu

1. Co robił bohater w momencie rozpoczęcia opowieści?

2. O czym myślał bohater podczas spaceru do domu?

3. Co bohater robił kiedyś z przyjaciółmi po szkole?

4. Czego bohaterowi brakuje w tamtych czasach?

5. Co bohater myśli o swoim obecnym życiu?

6. Co robi bohater, gdy widzi spadającą gwiazdę?

7. Jak czuje się bohater podczas spaceru do domu?

8. Co robi bohater po powrocie do domu?

9. Jak się czuje bohater po przebudzeniu następnego ranka?

10. Co bohater robi następnego dnia?

Frågor om förståelse

1. Vad gjorde huvudpersonen när berättelsen började?

2. Vad tänkte huvudpersonen på när han gick hem?

3. Vad brukade huvudpersonen göra med sina vänner efter skolan?

4. Vad saknar huvudpersonen från den tiden?

5. Vad tycker huvudpersonen om sitt nuvarande liv?

6. Vad gör huvudpersonen när de ser ett stjärnfall?

7. Hur känner sig huvudpersonen när de går hem?

8. Vad gör huvudpersonen när de kommer hem?

9. Hur känner sig huvudpersonen när han vaknar nästa morgon?

10. Vad gör huvudpersonen nästa dag?

Zamek

Rodzina zawsze chciała odwiedzić stary zamek w **Niemczech** i w końcu wybrali się na wycieczkę. Nie byli **rozczarowani**. Zamek był piękny i z przyjemnością zwiedzali jego liczne pokoje i korytarze. Pierwszą rzeczą, która ich uderzyła, był zapach. Znaleźli **pleśń**, wilgoć i coś jeszcze, czego nie potrafili określić. Drugą rzeczą był dźwięk. Kamienne ściany są grube, ale nie tłumią całkowicie dźwięków. Słyszeli każdy krok, każde słowo wypowiedziane normalnym głosem i okazjonalne kapanie wody **gdzieś** w oddali. Gdy ich oczy przyzwyczaiły się do słabego światła, zobaczyli masywne kamienne ściany ciągnące się dookoła nich, gobeliny zwisające z nich w **potarganych** strzępach. Stali w ogromnej sali z wysokim sufitem wspartym na rzeźbionych filarach. Podobały im się też widoki z wieżyczek, a dzieci świetnie się bawiły, biegając po terenie. Kiedy skończyli zwiedzać zamek, **słońce** zaczęło już zachodzić i żałowali, że nie wzięli ze sobą **latarki**. Postanowili wrócić do wejścia, ale szybko się zgubili. Błąkali się godzinami, aż w końcu natrafili na drzwi prowadzące na zewnątrz. Szli dalej, aż doszli **do** końca korytarza i stanęli przed imponującym zestawem podwójnych drzwi. Próbowali jak mogli, ale drzwi nie chciały się ruszyć. Grzechotały **złowieszczo,** ale nie poruszały się ani o cal. Wyglądało na to, że ktokolwiek

Slottet

Familjen hade alltid velat besöka ett gammalt slott i **Tyskland,** och till slut gjorde de resan. De blev inte **besvikna**. Slottet var vackert och de njöt av att utforska dess många rum och korridorer. Det första som slog dem var lukten. De hittade **mögel**, fukt och något annat som de inte riktigt kunde sätta fingret på. Det andra var ljudet. Stenväggar är tjocka, men de dämpar inte ljudet helt och hållet. De hörde varje fotsteg, varje ord som sades med normal röst och ibland droppade vatten **någonstans** i fjärran. När deras ögon anpassade sig till det svaga ljuset såg de massiva stenväggar som tornade upp sig runt omkring dem och från dem hängde gobelänger i **trasiga** fragment. De stod i en enorm sal med högt tak som stöddes av snidade pelare. De älskade också utsikten från tornen, och barnen hade en fantastisk tid att springa runt på området. **Solen** hade börjat gå ner när de var klara med att utforska slottet, och de ångrade att de inte hade tagit med sig en **ficklampa**. De bestämde sig för att ta sig tillbaka till ingången, men fann sig snart vilse. De vandrade runt i vad som kändes som timmar, tills de slutligen kom till en dörr som ledde ut. De fortsatte tills de **nådde** slutet av hallen och kom till en imponerande uppsättning dubbeldörrar. De försökte hur mycket de än gjorde, men dörrarna rörde sig inte. De skramlade **betänkligt**

był tu wcześniej, musiał przez nie przejść i zamknąć je od środka. W końcu znaleźli wyjście. Ulga ogarnęła ich, gdy wyszli na chłodne, nocne powietrze.

Słońce zaczęło zachodzić i **żałowali,** że nie wzięli ze sobą latarki. Postanowili wrócić do wejścia, ale szybko się zgubili. Błąkali się godzinami, aż w końcu natrafili na drzwi prowadzące na **zewnątrz**. Ulga ogarnęła ich, gdy wyszli na chłodne nocne powietrze. Następnego wieczoru upewnili się, że zabrali ze sobą latarkę, aby zwiedzić resztę zamku. Przeszli przez **dziedziniec** i zeszli do rzeki, która płynęła za murami **zamku.** Gdy szli, zaczęli słyszeć dziwne odgłosy. Brzmiało to tak, jakby ktoś za nimi szedł. Przyspieszyli kroku, ale odgłosy były coraz głośniejsze i bliższe. Rodzina biegła z powrotem do zamku tak szybko, jak tylko mogła i z ulgą zauważyła, że postać w **ciemnym** płaszczu nie poszła za nimi.

Wrócili do swojego pokoju i próbowali zapomnieć o tym, co się stało, ale nie mogli pozbyć się uczucia, że coś obserwuje ich z cienia. Kiedy byli już w środku, **zabarykadowali** drzwi i okna i zadzwonili na policję. To była długa noc, ale w końcu policja przybyła i zatrzymała postać. Później dowiedzieli się, że był to tylko miejscowy mężczyzna, który był znany z przebierania się i straszenia ludzi. Robił to od lat i był to tylko **nieszkodliwy** żart.

men rörde sig inte en tum. Det såg ut som om den som varit här tidigare måste ha gått igenom här och låst dem inifrån. Så småningom hittar de en väg ut. Lättnad sköljde över dem när de klev ut i den svala nattluften.

Solen hade börjat gå ner och de **ångrade** att de inte hade tagit med sig en ficklampa. De bestämde sig för att ta sig tillbaka till ingången, men fann sig snart vilse. De vandrade runt i vad som kändes som timmar, tills de slutligen kom till en dörr som ledde **ut**. Lättnad sköljde över dem när de klev ut i den svala nattluften. Nästa kväll såg de till att ta med sig en ficklampa när de utforskade resten av slottet. De gick genom **gården** och ner till floden som rann bakom **slottets** murar. Medan de gick runt började de höra konstiga ljud. Det lät som om någon följde efter dem. De ökade tempot, men ljuden blev högre och närmare. Familjen sprang tillbaka till slottet så fort de kunde, och de var lättade över att se att figuren i den **mörka** kappan inte hade följt efter dem.

De gick tillbaka till sitt rum och försökte glömma vad som hade hänt, men de kunde inte skaka av sig känslan av att något iakttog dem från skuggorna. När de väl var inne **barrikaderade** de dörrar och fönster och ringde polisen. Det var en lång natt, men till slut kom polisen och grep figuren. De fick senare reda på att det bara var en lokal man som var känd för att klä ut sig och skrämma folk. Han hade gjort det i flera år och det var bara ett **harmlöst** skämt.

Pytania dotyczące rozumienia tekstu

1. Co zrobiła rodzina, gdy zgubiła się w zamku?

2. Jak czuła się rodzina, gdy dowiedziała się, że to tylko miejscowy człowiek?

3. Co takiego zrobił mężczyzna, że został aresztowany?

4. Jaki był wyrok dla tego człowieka?

5. Jaki hałas usłyszała rodzina podczas spaceru?

6. Gdzie była postać w ciemnym płaszczu, gdy zobaczyła ją rodzina?

7. Co robiła rodzina po powrocie do pokoju?

8. Kiedy rodzina ponownie poszła zwiedzać zamek?

9. Co to była za rzecz, której rodzina nie mogła umieścić na palcu?

10. Co robiła rodzina, zanim ponownie poszła zwiedzać zamek?

Frågor om förståelse

1. Vad gjorde familjen när de gick vilse i slottet?

2. Hur kände sig familjen när de fick reda på att det bara var en lokal man?

3. Vad gjorde mannen som gjorde att han blev arresterad?

4. Vilken var domen för mannen?

5. Vilket ljud hörde familjen när de gick?

6. Var befann sig figuren i den mörka kappan när familjen såg honom?

7. Vad gjorde familjen när de kom tillbaka till sitt rum?

8. När gick familjen på upptäcktsfärd i slottet igen?

9. Vad var det som familjen inte kunde sätta fingret på?

10. Vad gjorde familjen innan de gick på upptäcktsfärd i slottet igen?

Mój ogród

Mój ogród to moje szczęśliwe miejsce. Wychodzę tam codziennie, czy to w deszczu, czy w słońcu, i spędzam czas pielęgnując moje rośliny. Mam trochę **wszystkiego - warzyw**, owoców, kwiatów, ziół. Mam nawet kilka kurczaków, które pomagają utrzymać szkodniki na dystans. Zaczynam dni w ogrodzie od zebrania jaj od kurcząt. Następnie sprawdzam, czy moje warzywa mają wystarczająco dużo wody i słońca. Odchwaszczam grządki i wyrywam wszelkie robaki, które mogą **atakować** rośliny. Kiedy już **wszystko** jest załatwione, siadam i cieszę się spokojem i ciszą natury.

Zawsze uwielbiałam spędzać czas w moim ogrodzie. Jest coś w byciu otoczonym przez naturę i całe jej **piękno,** które ma do zaoferowania. Uważam, że jest to bardzo spokojne i uspokajające miejsce. Często spędzam czas w ogrodzie, relaksując się i podziwiając krajobraz. Lubię też pracować w ogrodzie i uprawiać różne rzeczy. Mam całkiem spory ogród i lubię w nim uprawiać różne rzeczy. Uprawiam kwiaty, **warzywa** i zioła. Mam też kilka drzew owocowych, które rodzą pyszne jabłka, gruszki i śliwki. Oprócz uprawiania rzeczy, lubię też spędzać czas na spacerach po moim ogrodzie, **podziwiając** różne rośliny i zwierzęta, które nazywają go domem. Przez lata spędziłam

Min trädgård

Min trädgård är min lyckliga plats. Jag går ut dit varje dag, regn eller solsken, och ägnar tid åt att sköta mina växter. Jag har lite av **allt - grönsaker**, frukt, blommor och örter. Jag har till och med några höns som hjälper till att hålla skadedjuren borta. Jag börjar mina dagar i trädgården med att hämta ägg från hönorna. Sedan kollar jag mina grönsaker och ser till att de får tillräckligt med vatten och sol. Jag ogräsrensar rabatterna och plockar bort eventuella insekter som **angriper** växterna. När **allt är klart** sitter jag tillbaka och njuter av naturens lugn och ro.

Jag har alltid älskat att tillbringa tid i min trädgård. Det är något med att vara omgiven av naturen och all den **skönhet som** den har att erbjuda. Jag tycker att det är en mycket fridfull och lugnande plats. Jag tillbringar ofta tid i min trädgård med att bara koppla av och njuta av landskapet. Jag tycker också om att arbeta i min trädgård och odla saker. Jag har en ganska stor trädgård och jag tycker om att odla en mängd **olika** saker i den. Jag odlar blommor, **grönsaker** och örter. Jag har också några fruktträd som producerar läckra äpplen, päron och plommon. Förutom att odla saker tycker jag också om att bara gå runt i min trädgård och **beundra** alla olika växter och djur som bor där. Jag har

wiele godzin pracując nad tym, aby mój **ogród** stał się miejscem nie tylko pięknym, ale i funkcjonalnym. Uwielbiam obserwować ptaki latające wokół i słuchać ich śpiewu. Czasami nawet przynoszę książkę i czytam w ogrodzie otoczona całym pięknem, które stworzyłam. **Ogrodnictwo** jest moją pasją i przynosi mi tyle radości. Każdy dzień w moim ogrodzie to dobry dzień.

Jedną z rzeczy, które uwielbiam robić jest gotowanie, więc posiadanie dobrze zaopatrzonego ogrodu ziołowego jest dla mnie bardzo **ważne**. Tymianek, bazylia, oregano, rozmaryn, szałwia i lawenda to tylko niektóre z ziół, które lubię uprawiać w moim ogrodzie, aby móc ich używać podczas gotowania posiłków dla siebie lub dla **gości**. Kolejną rzeczą, która jest dla mnie ważna, jeśli chodzi o mój ogród, jest upewnienie się, że jest w nim dużo kolorów. Aby osiągnąć ten cel, uprawiam wiele różnych kwiatów, takich jak **róże**, lilie, stokrotki, tulipany, niecierpki, nagietki itp. Oprócz dodawania kolorów za pomocą kwiatów, lubię również dodawać zainteresowania poprzez stosowanie różnych **faktur w** całym ogrodzie. Na przykład mogę posadzić paprocie pod strzelistymi słonecznikami lub hosty **obok** kolczastych traw ozdobnych. Niezależnie od tego, co jeszcze dzieje się w życiu, praca w ogrodzie zawsze pomaga mi poczuć się bardziej związaną z naturą i spokojną z samą sobą.

tillbringat många timmar under årens lopp med att göra min **trädgård** till en plats som inte bara är vacker utan också funktionell. Jag älskar att titta på fåglarna som fladdrar runt och lyssna på deras sång. Ibland tar jag till och med fram en bok och läser i trädgården medan jag är omgiven av all den skönhet som jag har skapat. **Trädgårdsarbete** är min passion och det ger mig så mycket glädje. Varje dag i min trädgård är en bra dag.

Jag älskar att laga mat och därför är det **viktigt** för mig att ha en välfylld örtträdgård. Timjan, basilika, oregano, rosmarin, salvia och lavendel är bara några av de örter som jag gillar att odla i min trädgård så att jag kan använda dem när jag lagar mat till mig själv eller till **gäster**. En annan sak som är viktig för mig när det gäller min trädgård är att se till att det finns gott om färg i hela trädgården. För att uppnå detta mål odlar jag en mängd olika blommor, bland annat **rosor**, liljor, prästkragar, tulpaner, impatiens, ringblommor osv. Förutom att ge färg med blommor gillar jag också att skapa intresse genom att använda olika **texturer i** hela trädgården. Jag kan till exempel plantera ormbunkar under höga solrosor eller hostor **tillsammans med** spetsiga prydnadsgräs. Oavsett vad som händer i livet **lyckas** arbetet i min trädgård alltid hjälpa mig att känna mig mer förknippad med naturen och känna mig i fred med mig själv.

Pytania dotyczące rozumienia tekstu

1. Gdzie znajduje się ogród autora?

2. Ile kurczaków ma autor?

3. Co autor robi na co dzień w ogrodzie?

4. Dlaczego autorowi podoba się ogród?

5. Jakie zioła sadzi autor w ogrodzie?

6. Dlaczego dla autora ważne jest, że w jego ogrodzie jest wiele kolorów?

7. W jaki sposób autor wprowadza różnorodność do swojego ogrodu?

8. Co czuje autor, gdy pracuje w swoim ogrodzie?

9. Co sprawia, że autor czuje się związany, gdy jest w swoim ogrodzie?

10. Dlaczego każdy dzień w ogrodzie autora jest dobrym dniem?

Frågor om förståelse

1. Var ligger författarens trädgård?

2. Hur många höns har författaren?

3. Vad gör författaren i trädgården varje dag?

4. Varför tycker författaren om trädgården?

5. Vilka örter planterar författaren i trädgården?

6. Varför är det viktigt för författaren att det finns många färger i hans trädgård?

7. Hur skapar författaren variation i sin trädgård?

8. Hur känner sig författaren när han arbetar i sin trädgård?

9. Vad är det som gör att författaren känner sig uppslukad när han är i sin trädgård?

10. Varför är varje dag i författarens trädgård en bra dag?

Idziemy na zakupy

Uwielbiam chodzić na **zakupy do** centrum handlowego. Zawsze jest tak dużo zabawy, aby chodzić i patrzeć na wszystkie różne sklepy. W centrum handlowym każdy znajdzie coś dla siebie i zawsze jest to świetne miejsce na znalezienie okazji na ubrania, buty i akcesoria. **Zazwyczaj** zaczynam moją wycieczkę na zakupy od przejścia przez główne **wejście do centrum handlowego**. Stamtąd kieruję się najpierw do moich ulubionych sklepów. Po przejrzeniu tych sklepów, chodzę dookoła i widzę, czy w innych miejscach trwają jakieś wyprzedaże. Zwykle kończę spędzając kilka godzin w centrum handlowym, zanim w końcu dokonam zakupów. Zawsze lubię się spieszyć podczas zakupów, **bo** chcę się upewnić, że dostaję **dokładnie** to, co chcę. Poza tym, w ten sposób jest po prostu przyjemniej!

Zawsze uważam za **fascynujące** obserwowanie ludzi, gdy jestem w centrum handlowym. Można naprawdę wiele powiedzieć o osobie poprzez sposób, w jaki robi zakupy. Niektórzy ludzie są bardzo metodyczni i poświęcają swój czas, podczas gdy inni po prostu wydają się chwytać **wszystko, co** mogą i zmierzać do kasy tak szybko, jak to możliwe. Są też tacy kupujący, którzy wydają się bardziej zainteresowani rozmową przez telefon komórkowy lub pisaniem SMS-ów, niż

Att shoppa

Jag älskar att **shoppa** i köpcentret. Det är alltid så roligt att gå runt och titta på alla olika butiker. Det finns något för alla i köpcentret, och det är alltid ett bra ställe att hitta erbjudanden på kläder, skor och accessoarer. Jag **brukar** börja min shoppingtur med att gå genom köpcentrets **huvudentré.** Därifrån går jag först till mina favoritbutiker. Efter att ha tittat igenom dessa butiker går jag runt och ser om det pågår någon rea på andra ställen. Det slutar oftast med att jag tillbringar ett par timmar i köpcentret innan jag slutligen gör mina inköp. Jag gillar alltid att ta god tid på mig när jag shoppar **eftersom** jag vill vara säker på att jag får **exakt** det jag vill ha. Dessutom är det bara roligare på det sättet!

Jag tycker alltid att det är så **fascinerande** att titta på folk när jag är i köpcentret. Man kan verkligen få reda på mycket om en person genom hur de handlar. Vissa människor är mycket metodiska och tar god tid på sig, medan andra bara verkar ta **allt** de kan och gå till kassan så fort som möjligt. Det finns också de shoppare som verkar mer intresserade av att prata i mobiltelefon eller sms:a än att titta på varorna! Oavsett vilken typ av shoppare du är verkar dock alla tycka om att fönstershoppa - även om du faktiskt inte köper något. Det är bara något med att titta på alla vackra saker i

rzeczywistym oglądaniem jakiegokolwiek towaru! Bez względu na to, jakim typem kupującego jesteś, każdy z nas lubi zakupy przez okno - nawet jeśli niczego nie kupuje. Jest po prostu coś w patrzeniu na wszystkie piękne rzeczy w **witrynach** sklepowych, które sprawiają, że jestem szczęśliwy. Czasami fantazjuję o tym, jak by to było, gdybym mogła sobie pozwolić na **wszystko, co** widzę! Podsumowując, spędzenie dnia na zakupach w centrum handlowym jest jedną z moich ulubionych rozrywek. Jest to świetny sposób na relaks i odprężenie, a jednocześnie zdobycie odrobiny ćwiczeń (jeśli wystarczająco dużo chodzisz). Plus, to **zawsze** miło traktować siebie do nowej koszuli lub pary butów od czasu do czasu!

Miałam **długi** dzień w pracy i wreszcie miałam trochę czasu dla siebie, więc postanowiłam wybrać się na zakupy do centrum handlowego. Potrzebowałam kilku nowych ubrań na **nadchodzący** sezon. Gdy tylko weszłam do środka, zobaczyłam wszystkie jasne światła i błyszczące witryny sklepów. Skierowałam się najpierw do mojego ulubionego sklepu i zaczęłam przeglądać półki. Znalazłam kilka ładnych bluzek i przymierzyłam je w przymierzalni. Kiedy przeglądałam się w lustrze, usłyszałam, że ktoś wchodzi do **garderoby** obok mojej. Rozpoznałam jego głos jako jednego z moich współpracowników. Przywitaliśmy się i zaczęliśmy rozmawiać o pracy.

skyltfönstren som gör mig glad. Ibland fantiserar jag om hur det skulle vara om jag hade råd med **allt** jag ser! På det hela taget är en dag i köpcentret en av mina favoritsysselsättningar. Det är ett utmärkt sätt att koppla av och varva ner samtidigt som man får lite motion (om man går runt tillräckligt mycket). Dessutom är det **alltid** trevligt att unna sig en ny skjorta eller ett par skor då och då!

Jag hade haft en **lång** dag på jobbet och hade äntligen lite tid för mig själv, så jag bestämde mig för att shoppa i köpcentret. Jag behövde några nya kläder för den **kommande** säsongen. Så fort jag gick in såg jag alla ljusa lampor och glänsande skyltfönster. Jag gick först till min favoritbutik och började bläddra bland hyllorna. Jag hittade några söta toppar och provade dem i omklädningsrummet. När jag tittade på mig själv i spegeln hörde jag någon komma in i omklädningsrummet bredvid mitt. Jag kände igen rösten som en av mina medarbetare. Vi hälsade på varandra och började prata om jobbet.

Pytania dotyczące rozumienia tekstu

1. Gdzie najchętniej przechowujesz?

2. Jaki jest Twój ulubiony sklep w centrum handlowym?

3. Jak długo zazwyczaj przebywasz w centrum handlowym?

4. Co myślisz o ludziach, którzy spędzają dużo czasu w centrum handlowym?

5. Jaka jest Twoja ulubiona rzecz do zrobienia w centrum handlowym?

6. Czy kiedykolwiek kupiłeś coś w centrum handlowym, kiedy tak naprawdę tego nie potrzebowałeś?

7. Jak reagujesz, gdy widzisz w centrum handlowym coś, co bardzo byś chciał, ale jest zbyt drogie?

8. Czy kiedykolwiek widziałeś coś w centrum handlowym i zastanawiałeś się, kto to kupi?

9. Jakie jest Twoje zdanie na temat ludzi, którzy w centrum handlowym zamiast zaglądać do sklepów, zajęci są swoimi telefonami komórkowymi?

Frågor om förståelse

1. Var vill du lagra mest?

2. Vilken är din favoritbutik i köpcentret?

3. Hur länge brukar du stanna i köpcentret?

4. Vad tycker du om människor som tillbringar mycket tid i köpcentret?

5. Vad är din favoritsak att göra på köpcentret?

6. Har du någonsin köpt något på köpcentret när du egentligen inte behövde det?

7. Hur reagerar du när du ser något i köpcentret som du verkligen skulle vilja ha, men som är för dyrt?

8. Har du någonsin sett något i köpcentret och undrat vem som skulle köpa det?

9. Vad tycker du om människor som är upptagna med sina mobiltelefoner i köpcentret i stället för att titta på butikerna?

Na rynku

Budzę się wcześnie w sobotni poranek, z chęcią dotarcia na **rynek,** zanim zrobi się zbyt tłoczno. Zakładam kilka ubrań i wychodzę za drzwi, chwytając po drodze moje torby wielokrotnego użytku. Podczas spaceru zaczynam planować, co chcę zrobić w nadchodzącym tygodniu. Wiem, że chcę **piec** warzywa przynajmniej raz, więc będę musiała kupić kilka dobrej jakości warzyw. Chcę też zrobić zupę lub gulasz, więc będę musiała zaopatrzyć się również w mięso. Będę musiał zobaczyć, co wygląda dobrze, kiedy tam dotrę. Rynek znajduje się zaledwie kilka przecznic dalej, a ja już widzę rozstawione stragany i kręcących się wokół **ludzi.**

Przyjeżdżam na targ i kieruję się prosto do stoiska z warzywami. Wybór jest piękny, a ja wypełniam swoje torby różnymi **świeżymi** produktami. Rozmawiam trochę z rolnikiem, a on poleca mi kilka przepisów. Jestem podekscytowana, że mogę je wypróbować. Rozmawiam z **rolnikami** podczas zakupów, poznając ich i ich produkty. Gdy mam już wszystkie potrzebne warzywa, przechodzę do działu mięsnego. Tutaj jestem trochę bardziej niezdecydowany, ponieważ nie jestem pewien, co chcę dostać. Ostatecznie decyduję się na kurczaka, ponieważ jest uniwersalny i można

På marknaden

Jag vaknar tidigt på lördagsmorgonen och är ivrig att ta mig till **marknaden** innan det blir för mycket folk. Jag tar på mig några kläder och går ut genom dörren och tar mina återanvändbara väskor på vägen. Medan jag går börjar jag planera vad jag vill göra för veckan som kommer. Jag vet att jag vill **steka** grönsaker minst en gång, så jag måste köpa grönsaker av god kvalitet. Jag vill också göra en soppa eller gryta, så jag måste köpa lite kött också. Jag får se vad som ser bra ut när jag kommer dit. Marknaden ligger bara några kvarter bort, och jag kan redan se hur stånden står uppställda och hur **folk** rör sig där.

Jag kommer till marknaden och går direkt till grönsaksståndet. Utbudet är vackert, och jag fyller mina påsar med en mängd olika **färska** produkter. Jag pratar med bonden en stund och han rekommenderar mig några recept. Jag är förväntansfull och vill prova dem. Jag pratar med **jordbrukarna** medan jag handlar och lär känna dem och deras produkter. När jag har alla grönsaker jag behöver går jag vidare till köttavdelningen. Jag är lite mer tveksam här, eftersom jag inte är säker på vad jag vill köpa. Till slut bestämmer jag mig för kyckling eftersom det är mångsidigt och kan användas i en mängd olika rätter. Jag köper också

go wykorzystać w wielu potrawach. Kupuję też kilka różnych kawałków mięsa, upewniając się, że dostanę wołowinę karmioną trawą i **kurczaka z** wolnego wybiegu. Rzeźnik był przyjaznym człowiekiem, zawsze pogodnym pomimo długich godzin pracy. Zapakował moje piersi z kurczaka i stek, a następnie rozmawiał ze mną o swoich planach na weekend. Pożegnałem się z nim i ruszyłem w dalszą drogę. Kupiłem też kilka jajek i ser z działu nabiału.

Rynek tętnił życiem, wszyscy byli chętni, aby dostać w swoje **ręce** świeże produkty i mięso, które były oferowane. W powietrzu unosił się zapach czosnku i cebuli, a dźwięk śmiechu i rozmów wypełniał powietrze. Przedarłem się przez tłum, wybierając inne artykuły, których potrzebowałem do moich cotygodniowych zakupów. Wypełniłem swój **koszyk** owocami i warzywami, makaronem i chlebem, zanim skierowałem się do kasy. Kolejka była długa, ale szybko się przesuwała. Wreszcie, ostatnie **zakupy** zostały kupione i nadszedł czas, aby wrócić do domu. Samochód został załadowany, a jazda do domu była długa i żmudna. Ruch był duży, a upał uciążliwy. W końcu samochód wjechał na podjazd i ulga była wyczuwalna. W domu było chłodno i cicho, i to była przystań po **zgiełku** rynku. Wszystko zostało odłożone na miejsce, a dom szybko wrócił do swojego zwykłego spokoju. Miałam wszystko, czego potrzebowałam, aby przygotować kilka **pysznych** posiłków dla siebie i dla rodziny.

några olika köttstycken och ser till att få gräsbetat nötkött och frigående **kyckling**. Slaktaren var en vänlig man som alltid var glad trots de långa arbetsdagarna. Han lindade in mina kycklingbröst och min biff innan han pratade med mig om sina helgplaner. Jag tog farväl av honom och fortsatte min väg. Jag tog också några ägg och ost från mejeriavdelningen.

Marknaden var full av människor som alla var ivriga att få **tag på de** färska råvaror och det kött som erbjöds. Luften var tjock av lukten av vitlök och lök och ljudet av skratt och samtal fyllde luften. Jag tog mig fram genom folkmassan och plockade ut de andra varor som jag behövde till min veckoaffär. Jag fyllde min **korg** med frukt och grönsaker, pasta och bröd innan jag gick till kassan. Kön var lång, men den gick snabbt. Till slut var de sista **matvarorna** inköpta och det var dags att åka hem. Bilen lastades och körningen hem var lång och tråkig. Trafiken var tung och värmen var tryckande. Till slut körde bilen in på uppfarten och lättnaden var påtaglig. Huset var svalt och tyst och det var en fristad efter marknadens liv och rörelse. Allting ställdes undan och huset var snart tillbaka till sin vanliga lugn och ro. Jag hade allt jag behövde för att laga några **goda** måltider till mig själv och min familj.

Pytania dotyczące rozumienia tekstu

1. Dokąd zmierza ta osoba?

2. Co dana osoba chce kupić?

3. Ile torebek ma ta osoba?

4. Jak daleko znajduje się rynek?

5. Co ta osoba robi w tej chwili?

6. Czym jest wszystko na rynku?

7. Ile osób znajduje się na rynku?

8. Ile czasu zajęło tej osobie kupienie wszystkiego?

9. W jaki sposób osoba wróciła do domu?

10. Co zrobiła ta osoba po powrocie do domu?

Frågor om förståelse

1. Vart är personen på väg?

2. Vad vill personen köpa?

3. Hur många väskor har personen?

4. Hur långt bort ligger marknaden?

5. Vad gör personen just nu?

6. Vad är allt på marknaden?

7. Hur många personer finns på marknaden?

8. Hur lång tid tog det för personen att köpa allt?

9. Hur åkte personen hem?

10. Vad gjorde personen när han eller hon kom hem?

W kawiarni

Był chłodny **jesienny** poranek, a ja umówiłam się z moją przyjaciółką Lily w naszej ulubionej kawiarni na kawę. Owinęłam się ciepło płaszczem i szalikiem i ruszyłam w drogę. Liście spadały z drzew, a w powietrzu czuć było powiew wiatru, ale świeciło słońce i zapowiadał się piękny dzień. Idąc, **myślałam** o tym, jak dobrze jest mieć taką przyjaciółkę jak Lily. Byłyśmy przyjaciółkami od lat, odkąd poznałyśmy się na **uniwersytecie**. Połączyła nas miłość do kawy i spędzanie czasu na rozmowach w kawiarniach. Nawet jeśli mieszkałyśmy teraz w różnych częściach miasta, nadal udawało nam się spotykać na kawie raz w tygodniu. Dotarłam do kawiarni, a Lily już tam była, czekając na mnie. Uściskałyśmy się na przywitanie, a następnie zamówiłyśmy nasze kawy. Znalazłyśmy stolik przy oknie i usiadłyśmy, aby porozmawiać. **Kawa** była pyszna, jak zawsze, i tak miło było nadrobić zaległości z Lily. Rozmawiałyśmy o naszym tygodniu, naszej pracy i planach na przyszłość. Zawsze tak łatwo było rozmawiać z Lily i czułam, że mogę jej powiedzieć wszystko. Po jakimś czasie zaczęłyśmy być głodne i **postanowiłyśmy** zamówić jakieś jedzenie.

Zamówiliśmy nasze jedzenie i znaleźliśmy miejsce przy oknie. Słońce świeciło przez okno, sprawiając,

På ett café

Det var en kylig höstmorgon och jag hade bestämt mig för att träffa min vän Lily på vårt favoritkafé för att ta en kaffe. Jag svepte in mig varmt i min kappa och halsduk och gick iväg. Löven höll på att falla från träden och luften hade en liten gnutta, men solen sken och det lovade att bli en vacker dag. Medan jag gick **tänkte** jag på hur bra det var att ha en vän som Lily. Vi hade varit vänner i flera år, ända sedan vi träffades på **universitetet**. Vi hade knutit band till varandra genom vår kärlek till kaffe och genom att tillbringa tid med att prata på kaféer. Även om vi nu bodde i olika delar av staden lyckades vi fortfarande träffas på kaffe en gång i veckan. Jag kom till caféet och Lily var redan där och väntade på mig. Vi kramade varandra hej och beställde sedan våra kaffesorter. Vi hittade ett bord vid fönstret och slog oss ner för att prata. **Kaffet** var utsökt, som alltid, och det var så trevligt att prata med Lily. Vi pratade om vår vecka, våra jobb och våra planer för framtiden. Det var alltid så lätt att prata med Lily och det kändes som om jag kunde berätta allt för henne. Efter ett tag började vi bli hungriga och **bestämde oss för att** beställa lite mat.

Vi **beställde** vår mat och hittade en plats vid fönstret. Solen sken in genom fönstret och fick allt att kännas

że wszystko było ciepłe i szczęśliwe. Rozmawialiśmy, gdy jedliśmy nasze jedzenie, ciesząc się prostą przyjemnością bycia w swoim **towarzystwie**. Kawiarnia była zatłoczona, ale nie czuło się w niej tłoku. W powietrzu czuć było spokój i zadowolenie. Kiedy skończyliśmy nasze jedzenie, siedzieliśmy jeszcze przez chwilę, ciesząc się spokojną **atmosferą**. Rozmawialiśmy przez chwilę o różnych rzeczach, które działy się w naszym życiu. Miło było spotkać się z moją przyjaciółką i po prostu się **zrelaksować**. Słońce świeciło przez okno i czułyśmy się tak, jakby **nic** nie mogło zrujnować naszego idealnego dnia.

Nagle usłyszałem głośny trzask. Odwróciłem się i zobaczyłem, że mężczyzna wypadł przez sufit i leżał na podłodze przed nami. Był **pokryty** kurzem i gruzem i wydawał się być nieprzytomny. Mój przyjaciel i ja byliśmy w szoku, gdy wpatrywaliśmy się w człowieka leżącego na podłodze. Nie wiedzieliśmy co zrobić, ani do kogo zadzwonić po pomoc. Po prostu siedzieliśmy tam wpatrując się w niego, nie wiedząc co robić. Po kilku minutach otrząsnąłem się z tego i zadzwoniłem na 911. Operator powiedział mi, że ktoś zaraz tam będzie. Odłożyłem słuchawkę i powiedziałem mojemu przyjacielowi, co powiedział **operator.** Obie siedziałyśmy tam, czekając na pomoc. Wydawało się to wiecznością, ale w końcu **pojawiła** się karetka. Ratownicy medyczni weszli do środka i zaczęli zajmować się mężczyzną.

varmt och glatt. Vi pratade medan vi åt vår mat och njöt av det enkla nöjet att vara i varandras **sällskap**. Caféet var upptaget, men det kändes inte trångt. Det fanns en känsla av frid och tillfredsställelse i luften. När vi hade ätit upp vår mat satt vi en stund till och njöt av den fridfulla **atmosfären**. Vi pratade en stund om olika saker som hade hänt i våra liv. Det var så skönt att få prata med min vän och bara **slappna av**. Solen sken genom fönstret och det kändes som om **ingenting** kunde förstöra vår perfekta dag.

Plötsligt hörde jag en hög ljudlig krasch. Jag vände mig om och såg att en man hade fallit genom taket och låg på golvet framför oss. Han var **täckt av** damm och skräp och verkade vara medvetslös. Min vän och jag var båda i chock när vi stirrade på mannen som låg på golvet. Vi visste inte vad vi skulle göra eller vem vi skulle ringa efter hjälp. Vi satt bara där och stirrade på honom utan att veta vad vi skulle göra. Efter några minuter kom jag till mig själv och ringde 112. Operatören sa till mig att någon skulle vara där snart. Jag lade på luren och berättade för min vän vad **operatören** hade sagt. Vi båda satt bara där och väntade på att hjälpen skulle komma. Det kändes som en evighet, men till slut **kom** en ambulans. Ambulanspersonalen rusade in och började arbeta med mannen.

Pytania dotyczące rozumienia tekstu

1. Skąd pochodzi człowiek, który wpada przez dach?

2. Dlaczego kobieta jest ze swoim przyjacielem w kawiarni?

3. Jaka jest ulubiona kawiarnia dwóch przyjaciół?

4. Jak długo znają się dwaj przyjaciele?

5. Jaki jest ulubiony napój dwóch przyjaciół?

6. W jakim mieście mieszkają dwaj przyjaciele?

7. Jak często spotykają się dwaj przyjaciele?

8. O czym rozmawiają dwie przyjaciółki podczas pierwszego spotkania w ulubionej kawiarni?

9. Jaka jest ulubiona potrawa dwóch przyjaciół?

10. Dlaczego tak łatwo jest rozmawiać z Lily?

Frågor om förståelse

1. Varifrån kommer mannen som faller genom taket?

2. Varför är kvinnan med sin väninna på kaféet?

3. Vilket är de två vännernas favoritkafé?

4. Hur länge har de två vännerna känt varandra?

5. Vad är de två vännernas favoritdryck?

6. I vilken stad bor de två vännerna?

7. Hur ofta träffas de två vännerna?

8. Vad pratar de två vännerna om när de först träffas på sitt favoritkafé?

9. Vad är de två vännernas favoritmat?

10. Varför är det så lätt att prata med Lily?

Going Swimming

Basen był zawsze **orzeźwiającym** miejscem, a dziś nie było inaczej. Słońce świeciło, a woda wyglądała zachęcająco. Wziąłem głęboki oddech i zanurzyłem się w wodzie, czując jej chłodny uścisk. Przez jakiś czas pływałem w kółko, ciesząc się ćwiczeniami i możliwością oczyszczenia głowy. Po chwili wyszedłem i osuszyłem się, po czym usiadłem na ręczniku, aby zrelaksować się na słońcu. Zamknąłem oczy i pozwoliłem, aby **ciepło** obmyło mnie, czując jak moje mięśnie zaczynają się rozluźniać. Nagle usłyszałem plusk i otworzyłem oczy, aby zobaczyć moją młodszą siostrę **wiosłującą** w płytkim końcu. Uśmiechnąłem się i obserwowałem ją przez chwilę, po czym wstałem i podszedłem do niej. Rozmawialiśmy trochę i wiosłowaliśmy razem, ciesząc się wzajemnie swoim towarzystwem. Wkrótce dołączyli do nas rodzice i spędziliśmy resztę popołudnia pływając i grając razem w gry. Zawsze miło było spędzić czas z rodziną na basenie. Jest **coś** w byciu w wodzie, co po prostu wydaje się zbliżać ludzi. Może dlatego, że wszyscy jesteśmy równi, kiedy jesteśmy w wodzie - nie możemy ukryć naszych wad ani udawać, że jesteśmy kimś, kim nie jesteśmy. A może po prostu dlatego, że to świetna zabawa! **Niezależnie od** powodu, byłem po prostu zadowolony, że mogliśmy się wszyscy spotkać i cieszyć

Att simma

Poolen var alltid en **uppfriskande** plats att vara på, och idag var det inte annorlunda. Solen sken och vattnet såg inbjudande ut. Jag tog ett djupt andetag och dök ner och kände vattnets svala omfamning. Jag simmade varv ett tag och njöt av motionen och chansen att rensa huvudet. Efter en stund gick jag ut och torkade mig, och satte mig sedan på en handduk för att slappna av i solen. Jag slöt ögonen och lät **värmen** skölja över mig och kände hur mina muskler började slappna av. Plötsligt hörde jag ett plask och öppnade ögonen för att se min lillasyster **paddla** runt i den grunda delen. Jag log och tittade på henne en stund, sedan reste jag mig upp och gick över till henne. Vi pratade lite och paddlade runt tillsammans och njöt av varandras sällskap. Snart anslöt sig våra föräldrar till oss och vi tillbringade resten av eftermiddagen med att simma och spela spel tillsammans. Det var alltid så trevligt att tillbringa tid med familjen vid poolen. Det är **något** med att vara i vattnet som bara verkar föra människor samman. Kanske beror det på att vi alla är lika när vi är i vattnet - vi kan inte dölja våra brister eller låtsas vara något vi inte är. Eller kanske är det bara för att det är roligt! **Oavsett vad** anledningen är så var jag bara glad att vi alla kunde samlas och njuta av varandras sällskap på en så speciell plats.

się wzajemnym towarzystwem w tak wyjątkowym miejscu.

Słońce biło w moją skórę, a w powietrzu unosił się zapach chloru. Słyszałem odgłosy śmiejących się dzieci i pluskających się w basenie. Leżałem na **leżaku** obok basenu, wygrzewając się na słońcu i **ciesząc się** dniem. Miałem zamknięte oczy i właśnie miałem zamiar odpłynąć w sen, kiedy usłyszałem, że ktoś podchodzi do mnie. Otworzyłem oczy i zobaczyłem kobietę stojącą obok mnie. Była ubrana w bikini i miała ręcznik owinięty wokół talii. Miała długie blond włosy i niebieskie oczy. Trzymała w ręku butelkę z **filtrem przeciwsłonecznym**. "Czy masz coś przeciwko, jeśli nałożę trochę kremu przeciwsłonecznego na twoje plecy?" zapytała. "Nie, to dobrze", powiedziałem, siedząc tak, że mogła dosięgnąć moich pleców. Czułem jej ręce na mojej skórze, gdy nakładała krem przeciwsłoneczny.

Jej dotyk był delikatny, a zapach kremu do opalania kojący. Ponownie zamknąłem oczy i pozwoliłem sobie na relaks. Słyszałam **odgłosy** jej poruszania się, ale nie otwierałam oczu. Byłem zadowolony po prostu leżąc tam w słońcu, słuchając dźwięku fal **rozbijających się o** brzeg. Po kilku minutach odeszła, a ja otworzyłem oczy. Obserwowałem ją, jak wracała do swojego fotela i podnosiła książkę. Usiadła na swoim miejscu i zaczęła czytać. Znowu zamknąłem oczy i pozwoliłem sobie odpłynąć w sen.

Solen slog ner på min hud och lukten av klorin låg i luften. Jag kunde höra ljudet av barn som skrattade och plaskade runt i poolen. Jag låg på en solstol vid poolen och njöt av solen och **njöt av** dagen. Jag hade ögonen stängda och skulle precis somna när jag hörde någon komma fram till mig. Jag öppnade ögonen och såg en kvinna stå bredvid mig. Hon hade en bikini på sig och en handduk lindad runt midjan. Hon hade långt blont hår och blå ögon. Hon höll en flaska **solkräm i** handen. "Har du något emot att jag smörjer in din rygg med solkräm?" frågade hon. "Nej, det är okej", sa jag och satte mig upp så att hon kunde nå min rygg. Jag kände hennes händer på min hud när hon applicerade solkrämen.

Hennes beröring var mild och doften av solkrämen var lugnande. Jag slöt ögonen igen och lät mig slappna av. Jag kunde höra **ljudet av att** hon rörde sig, men jag öppnade inte ögonen. Jag var nöjd med att bara ligga där i solen och lyssna på ljudet av vågorna **som slog** mot stranden. Efter några minuter gick hon iväg och jag öppnade ögonen. Jag tittade på henne när hon gick tillbaka till sin solstol och plockade upp sin bok. Hon satte sig i stolen och började läsa. Jag slöt ögonen igen och lät mig glida in i sömnen.

Pytania dotyczące rozumienia tekstu

1. Gdzie był narrator, gdy zaczyna opowiadanie?

2. Co czuje narrator, gdy otwiera oczy?

3. Co słyszy narrator, gdy otwiera oczy?

4. Czyj krem do opalania daje narratorowi kobieta?

5. O czym marzy narrator?

6. Dlaczego pływanie w morzu jest dla narratora tak wyjątkowe?

7.Jak czuje się woda, w której pływa narrator?

8. Co widzi narrator po wyjściu z wody?

9. Co robi kobieta po nałożeniu na narratora kremu przeciwsłonecznego?

10. O czym rozmawiają narrator i kobieta na końcu opowiadania?

Frågor om förståelse

1. Var befann sig berättaren när han började berättelsen?

2. Vad luktar berättaren när han öppnar ögonen?

3. Vad hör berättaren när han öppnar ögonen?

4. Vems solkräm ger kvinnan berättaren?

5. Vad drömmer berättaren om?

6. Varför är det så speciellt för berättaren att simma i havet?

7.Hur känns vattnet som berättaren simmar i?

8. Vad ser berättaren när han kommer upp ur vattnet?

9. Vad gör kvinnan efter att hon har smörjt in berättaren med solkräm?

10. Vad pratar berättaren och kvinnan om i slutet av berättelsen?

Koszenie trawnika

Jest 10 rano w letnią **sobotę**, a słońce już niemiłosiernie bije. Wychodzisz do garażu po kosiarkę, czując, że jesteś **skazany** na ciężką pracę. Zaczynasz kosić trawnik, upewniając się, że idziesz ładnie i powoli, więc nie przegapisz żadnych miejsc. Podczas koszenia, myślisz o tym, jak dobrze jest być na zewnątrz w świeżym powietrzu. Gdy zaczynasz pchać kosiarkę tam i z powrotem po trawniku, kątem **oka dostrzegasz** swojego sąsiada. Machasz i witasz się, a on odwzajemnia uśmiech.

Po kilku minutach kończysz i idziesz do domu sąsiada, aby wypić z nim piwo w ogrodzie. Jest **idealny** dzień - niezbyt gorący, z delikatnym powiewem wiatru. Siedzisz w cieniu drzewa, popijając piwo i rozmawiając z sąsiadem. To właśnie takie dni sprawiają, że doceniasz lato. Następnie **udajesz się do** środka na zasłużone piwo. Rozsiadasz się w fotelu na werandzie i otwierasz puszkę, wydając z siebie zadowolone westchnienie. Dźwięk kosiarki zanika w tle, gdy relaksujesz się w cieniu, ciesząc się **spokojem** chwili. Piwo smakuje wyjątkowo dobrze po całej tej ciężkiej pracy w upale. Już miałem wejść do środka, gdy usłyszałem hałas obok.

Klippning av gräsmattan

Klockan är 10 på förmiddagen en **sommarlördag och** solen slår redan obarmhärtigt ner. Du går ut i garaget för att hämta gräsklipparen och känner att du är **dömd** till hårt arbete. Du börjar klippa gräsmattan och ser till att gå lugnt och sakta så att du inte missar några ställen. Medan du klipper tänker du på hur bra det känns att vara ute i den friska luften. När du börjar skjuta gräsklipparen fram och tillbaka över gräsmattan ser du din granne ur **ögonvrån**. Du vinkar och säger hej, och han vinkar tillbaka.

Efter några minuter är du klar och går till din granne för att ta en öl med honom i trädgården. Det är en **perfekt** dag - inte för varmt, med en lätt bris som blåser. Du sitter där i skuggan av trädet, dricker din öl och pratar med din granne. Det är sådana här dagar som gör att man uppskattar sommaren. Sedan **går** du in och tar en välförtjänt öl. Du slår dig ner i en stol på verandan, öppnar burken och suckar nöjt. Ljudet från gräsklipparen försvinner i bakgrunden medan du slappnar av i skuggan och njuter av stundens **lugn.** Ölet smakar extra gott efter allt hårt arbete i värmen. Jag skulle just gå in när jag hörde ett ljud i grannhuset.

Brzmiało to tak, jakby ktoś płakał. Przestałem kosić i podszedłem do płotu, który oddzielał nasze podwórka. Zerknąłem i zobaczyłem moją sąsiadkę, panią Johnson, płaczącą na swojej huśtawce na ganku. Zawołałem ją, ale mnie nie usłyszała. Wspiąłem się przez płot i podszedłem do niej. "Pani Johnson, czy wszystko w porządku?" zapytałem. Spojrzała na mnie ze łzami w oczach i potrząsnęła głową. "Nie, nie jest w porządku," powiedziała. "Mój kot umarł wczoraj". Byłem zszokowany. Nie wiedziałem, co powiedzieć. Po prostu stałem tam niezręcznie, nie wiedząc co zrobić. W końcu położyłam rękę na jej **ramieniu** i powiedziałam: "Tak mi przykro, pani Johnson. Jeśli jest coś, co mogę zrobić, aby pomóc, proszę dać mi znać. "Potrząsnęła głową i powiedziała: "Nie, nikt nie może **nic** zrobić". Następnie wstała i weszła do swojego domu. Stałem tam przez chwilę, nie wiedząc co zrobić. Potem wróciłem do koszenia trawnika. Kiedy skończyłem, nie mogłem nie myśleć o pani Johnson i jej kocie.

Det **lät** som om någon grät. Jag slutade klippa och gick över till staketet som skiljde våra trädgårdar åt. Jag tittade över och såg min granne, Mrs Johnson, gråta på sin verandagunga. Jag ropade på henne, men hon hörde mig inte. Jag klättrade över staketet och gick över till henne. "Mrs Johnson, mår ni bra?" Jag frågade. Hon tittade upp på mig med tårar i ögonen och skakade på huvudet. "Nej, jag mår inte bra", sade hon. "Min katt dog i går." Jag blev chockad. Jag visste inte vad jag skulle säga. Jag stod bara där obekvämt och visste inte vad jag skulle göra. Till slut lade jag min hand på hennes **axel** och sa: "Jag är så ledsen, mrs Johnson. Om det finns något jag kan göra för att hjälpa till, så säg till. " Hon skakade på huvudet och sa: "Nej, det finns **ingenting som** någon kan göra". Sedan reste hon sig upp och gick in i sitt hus. Jag stod där en stund och visste inte vad jag skulle göra. Sedan gick jag tillbaka till att klippa min gräsmatta. När jag blev klar kunde jag inte låta bli att tänka på Mrs Johnson och hennes katt.

Pytania dotyczące rozumienia tekstu

1. Która jest godzina?

2. Gdzie osoba kosi?

3. Jak się czuje ta osoba?

4. Dlaczego osoba musi kosić powoli?

5. Jaka to jest pogoda?

6. Co robi osoba po zakończeniu koszenia?

7. Co słyszy osoba przed wyjściem do domu?

8. Kto jest z panią Johnson?

9. Dlaczego pani Johnson płacze?

10. Co mówi ta osoba do pani Johnson?

Frågor om förståelse

1. Vad är klockan?

2. Var är personen som klipper?

3. Hur känner sig personen?

4. Varför måste personen klippa långsamt?

5. Vad är det för väder?

6. Vad gör personen efter klippningen?

7. Vad hör personen innan han går hem?

8. Vem är med fru Johnson?

9. Varför gråter fru Johnson?

10. Vad säger personen till fru Johnson?

Obcinanie włosów

Od tygodni miałam zamiar zrobić sobie fryzurę, ale jakoś zawsze udawało mi się to odłożyć. Jednak w obliczu zbliżających się **Świąt Bożego Narodzenia**, wiedziałam, że nie mogę dłużej odkładać tej decyzji. Nie chciałem pokazać się na świątecznej kolacji mojej rodziny wyglądając jak niechlujny bałagan. Więc, wcześnie na Boże Narodzenie rano, zrobiłem moją drogę do salonu. Nawet jeśli było wcześnie, salon był już zajęty z innymi ludźmi **coraz** ich włosy zrobić na wakacje. Wziąłem moje miejsce w linii i czekał na swoją kolej. Wreszcie, to była moja kolej w fotelu. Stylistka, przyjazna kobieta o imieniu Jill, zapytała mnie, czego chcę. "Tylko przycięcie, nic zbyt drastycznego", odpowiedziałam. Jill zabrała się do pracy, przycinając moje włosy. W miarę jak pracowała, zaczęłam się relaksować. Dobrze było w końcu zadbać o siebie. Ostatnio byłem tak zajęty, biegając i dbając o wszystkich innych, że pozwoliłem, aby moje własne potrzeby odeszły na bok. Ale **już** nie. Od tej pory miałam zamiar znaleźć czas dla siebie.

Kiedy Jill skończyła, spojrzałam w lustro i byłam zadowolona z tego, co zobaczyłam. Moje włosy wyglądały na schludne i wypolerowane - idealne na wakacyjne spotkania. **Podziękowałam** Jill i

Att klippa sig

Jag hade tänkt klippa mig i flera veckor, men på något sätt lyckades jag alltid skjuta upp det. Men med **julen** runt hörnet visste jag att jag inte kunde skjuta upp det längre. Jag ville inte dyka upp till familjens julmiddag och se ut som en slarvig röra. Så tidigt på juldagsmorgonen begav jag mig till salongen. Trots att det var tidigt var salongen redan upptagen med andra människor som **skulle** fixa håret inför julen. Jag tog plats i kön och väntade på min tur. Slutligen var det min tur i stolen. Stylisten, en vänlig kvinna vid namn Jill, frågade mig vad jag ville ha. "Bara en trimning, inget alltför drastiskt", svarade jag. Jill började arbeta och klippte bort mitt hår. Medan hon arbetade började jag slappna av. Det kändes bra att äntligen ta hand om mig själv. Jag hade varit så upptagen den senaste tiden, jag hade sprungit runt och tagit hand om alla andra, att jag hade låtit mina egna behov falla bort. Men inte **längre**. Från och med nu skulle jag ta mig tid för mig själv.

När Jill var klar tittade jag mig i spegeln och var nöjd med vad jag såg. Mitt hår såg snyggt och polerat ut - perfekt för semestermöten. Jag **tackade** Jill och gjorde en **mental** anteckning om att komma tillbaka oftare. Från och med nu kommer jag att ta hand om mig själv först och främst. Hon började arbeta med att klippa

zanotowałam w pamięci, żeby częściej do niej wracać. Od tej pory będę dbać przede wszystkim o siebie. Jill zabrała się do pracy, przycinając moje włosy. Pomyślałam o tym, jak bardzo byłam wdzięczna, że w końcu udało mi się zrobić sobie fryzurę. To było dobre uczucie wiedzieć, że będę wyglądać presentable na świąteczny **obiad**. Nie musiałbym się już martwić, że rodzina będzie mi dokuczać z powodu mojego "niechlujnego" wyglądu. Po kilku minutach stylista skończył przycinać moje włosy i dał mi szybkie suszenie. Spojrzałam w lustro i byłam zadowolona z tego, co zobaczyłam - czysty wygląd, który będzie idealny na świąteczny obiad. Teraz, gdy nie miałam już nic do zrobienia, mogłam skupić się na spędzaniu świąt z rodziną. I byłam za to jeszcze bardziej wdzięczna.

Czułam się tak **wyzwolona** i uwielbiałam sposób, w jaki wyglądała moja nowa fryzura. Po zapłaceniu za fryzurę, wróciłam do domu i zaczęłam się pakować na wyjazd. **Nie mogłam się** doczekać, aby pokazać mój nowy wygląd rodzinie i znajomym. Wiedziałam, że będą zaskoczeni, gdy mnie zobaczą. W dniu mojego lotu, przybyłam na lotnisko z dużą ilością wolnego czasu. Przeszedłem przez kontrolę bezpieczeństwa bez żadnych problemów i wkrótce byłem w drodze. Jak tylko dotarłem do celu, poczułem podniecenie w powietrzu. Boże Narodzenie było zdecydowanie w powietrzu! Na lotnisku przywitała mnie moja rodzina, która była zachwycona moją nową fryzurą.

mitt hår. Jag tänkte på hur tacksam jag var för att jag äntligen hade hunnit klippa mig. Det kändes bra att veta att jag skulle se presentabel ut till **julmiddagen**. Jag skulle inte längre behöva oroa mig för att min familj skulle retas med mig om mitt "slarviga" utseende. Efter några minuter var stylisten klar med att klippa mitt hår och gav mig en snabb föning. Jag tittade i spegeln och var nöjd med vad jag såg - en ren frisyr som skulle passa perfekt till julmiddagen. Nu när min klippning var avklarad kunde jag fokusera på att njuta av julen med min familj. Och det var jag ännu mer tacksam för.

Det kändes så **befriande** och jag älskade hur min nya frisyr såg ut. När jag hade betalat för frisyren gick jag hem och började packa för min resa. Jag **kunde inte** vänta med att visa upp min nya look för min familj och mina vänner. Jag visste att de skulle bli förvånade när de såg mig. På dagen för mitt flyg anlände jag till flygplatsen med gott om tid över. Jag gick igenom säkerhetskontrollen utan några problem och snart var jag på väg. Så snart jag kom fram till min destination kunde jag känna spänningen i luften. Julen låg definitivt i luften! Min familj var där för att välkomna mig på flygplatsen, och de var alla förvånade över min nya frisyr.

Pytania dotyczące rozumienia tekstu

1. Co bohater musiał zrobić przed świętami?

2. Jak bohaterka czuła się dbając o siebie?

3. Kto przyciął włosy bohatera?

4. Dlaczego rodzina bohaterki miała jej dokuczać?

5. Jak czuła się bohaterka po zrobieniu sobie fryzury?

6. Co zrobiła bohaterka po zrobieniu sobie fryzury?

7. Jaka była reakcja rodziny bohaterki na jej fryzurę?

8. Co bohater robił w Wigilię?

9. Co sprawiło, że doświadczenie bohatera było bardziej wyjątkowe?

10. Co by się stało, gdyby bohater nie dał sobie obciąć włosów?

Frågor om förståelse

1. Vad måste huvudpersonen göra före jul?

2. Hur kände huvudpersonen för att ta hand om sig själv?

3. Vem klippte huvudpersonens hår?

4. Varför skulle huvudpersonens familj retas med henne?

5. Hur kände sig huvudpersonen efter att ha klippt sig?

6. Vad gjorde huvudpersonen efter att ha klippt sig?

7. Hur reagerade huvudpersonens familj på hennes frisyr?

8. Vad gjorde huvudpersonen på julafton?

9. Vad gjorde huvudpersonens upplevelse mer speciell?

10. Vad skulle hända om huvudpersonen inte klippte sig?

Park

Słońce zachodziło, a park był pusty. Usiadłam na ławce, czekając na moją **przyjaciółkę**. Planowałyśmy spotkać się tu już godzinę temu, ale ona zawsze się spóźniała. Właśnie gdy miałam się poddać i iść do domu, zobaczyłam, że biegnie w moją stronę. “Tak mi przykro” - sapała, gdy dotarła do ławki. “Mój pociąg był **opóźniony**”. “Nie szkodzi” - powiedziałem **wyrozumiale**. “Dopiero co sam tu dotarłem”. Usiedliśmy i rozmawialiśmy przez chwilę, nadrabiając zaległości w życiu od naszego ostatniego spotkania. Rozmowa przebiegała **bezproblemowo**, a my czuliśmy się tak, jakby od naszego ostatniego spotkania nie upłynął żaden czas. Gdy słońce zaszło, pożegnaliśmy się i poszliśmy w swoją stronę. Następnym razem spotkaliśmy się w innym parku. Znów się spóźniła, ale nie miałem nic przeciwko. Miło było mieć kogoś do rozmowy, kto mnie **rozumiał**. Rozmawialiśmy o naszych marzeniach i **aspiracjach**, o rzeczach, które chcieliśmy zrobić z naszym życiem. Ona opowiedziała mi o swoich planach podróżowania po świecie, a ja podzieliłem się swoim marzeniem o zostaniu pisarzem. Gdy słońce zachodziło w kolejny dzień, pożegnałyśmy się raz jeszcze, obiecując, że tym razem utrzymamy kontakt.

Parken

Solen höll på att gå ner och parken var tom. Jag satt på bänken och väntade på min **vän**. Vi hade planerat att träffas här för en timme sedan, men hon var alltid sen. Precis när jag höll på att ge upp och gå hem såg jag henne springa mot mig. "Jag är så ledsen", flämtade hon när hon kom fram till bänken. "Mitt tåg blev **försenat.**" "Det är okej", sa jag **förlåtande**. "Jag kom precis hit själv." Vi satte oss ner och pratade en stund och berättade om varandras liv sedan vi träffades senast. Samtalet flöt **lätt** och det kändes som om det inte hade gått någon tid alls sedan vi sågs sist. När solen gick ner tog vi farväl och gick skilda vägar. Nästa gång vi träffades var det i en annan park. Återigen var hon sen, men det gjorde inget. Det var skönt att ha någon att prata med som **förstod** mig. Vi pratade om våra drömmar och **ambitioner,** saker vi ville göra med våra liv. Hon berättade om sina planer på att resa runt i världen, och jag delade med mig av min dröm om att bli författare. När solen gick ner på en annan dag tog vi farväl ännu en gång och lovade att hålla kontakten den här gången.

Åren gick, och vår **vänskap** förblev stark även om vi nu bodde i olika delar av landet. Vi höll kontakten genom brev och tillfälliga telefonsamtal och delade

Mijały lata, a nasza **przyjaźń** pozostawała silna, mimo że mieszkaliśmy teraz w różnych częściach kraju. Utrzymywaliśmy kontakt poprzez listy i sporadyczne rozmowy telefoniczne, dzieląc się wzajemnie wiadomościami z naszego życia. Kiedy ogłosiła, że wychodzi za mąż, nie byłem **zaskoczony** - zawsze była typem poszukiwacza **przygód**. Ale kiedy zapytała mnie, czy byłabym jej druhną na jej ślubie, który odbywał się w połowie drogi dookoła świata od mojego miejsca zamieszkania... to wymagało trochę przekonania! W końcu jednak nie mogłam pozwolić, by moja najlepsza przyjaciółka wyszła za mąż beze mnie u jej boku, więc pomimo moich obaw (i po wielu błaganiach z jej strony!) **zgodziłam się wziąć udział w tym,** co okazało się **przygodą** życia.

Dzień **ślubu** w końcu nadszedł. Byłam zdenerwowana, ale podekscytowana, że mogłam być częścią tak ważnego momentu w życiu mojej przyjaciółki. Ceremonia była piękna, a ona wyglądała na szczęśliwą podczas składania przysięgi. **Po wszystkim** świętowaliśmy z wielką imprezą - wydawało się, że wszyscy, których znała, przyszli świętować razem z nią! To był **magiczny** dzień, którego nigdy nie zapomnę, a nasza przyjaźń tylko się umocniła po tej przygodzie. Teraz, lata później, wciąż utrzymujemy kontakt. Obie bardzo się **zmieniłyśmy** od czasu naszego pierwszego spotkania, ale nasza przyjaźń jest tak silna jak nigdy dotąd.

nyheter från våra liv med varandra. När hon meddelade att hon skulle gifta sig blev jag inte **förvånad** - hon hade alltid varit den **äventyrliga** typen. Men när hon frågade mig om jag ville vara hennes hedersbrudtärna vid hennes bröllopsceremoni som ägde rum på andra sidan jordklotet från där jag bodde... det krävdes en del övertalning! I slutändan kunde jag dock inte låta min bästa väninna gifta sig utan mig vid hennes sida, så trots mina farhågor (och efter mycket bön från henne!) **gick** jag **med på** att följa med på vad som visade sig bli sitt livs **äventyr.**

Bröllopsdagen kom äntligen. Jag var nervös, men glad över att få vara en del av ett så viktigt ögonblick i min väns liv. Ceremonin var vacker och hon såg lycklig ut när hon avgav sina löften. **Efteråt** firade vi med en stor fest - det verkade som om alla hon kände hade kommit för att fira med henne! Det var en **magisk** dag som jag aldrig kommer att glömma, och vår vänskap blev bara starkare efter detta äventyr. Nu, flera år senare, håller vi fortfarande kontakten. Vi har båda **förändrats** mycket sedan vi träffades första gången, men vår vänskap är lika stark som någonsin.

Pytania dotyczące rozumienia tekstu

1. Gdzie autorka i jej przyjaciółka spotkały się po raz pierwszy?

2. Dlaczego przyjaciel autora spóźnił się na ich spotkanie?

3. O czym rozmawiali przyjaciele, gdy spotkali się ponownie po latach?

4. Jak autorka czuła się uczestnicząc w uroczystości ślubnej swojej przyjaciółki?

5. Opisz oprawę uroczystości ślubnej.

6. Jak z biegiem czasu zmieniła się przyjaźń obu kobiet?

7. Jakie jest marzenie autora?

8. Gdzie planuje podróż przyjaciel autora?

9. Dlaczego autorka wahała się, czy wziąć udział w uroczystości ślubnej swojej przyjaciółki?

Frågor om förståelse

1. Var träffades författaren och hennes vän första gången?

2. Varför var författarens vän sen till mötet?

3. Vad pratade vännerna om när de träffades igen flera år senare?

4. Hur kändes det för författaren att delta i sin väns bröllopsceremoni?

5. Beskriv hur bröllopsceremonin går till.

6. Hur har vänskapen mellan de två kvinnorna förändrats med tiden?

7. Vad är författarens dröm?

8. Vart planerar författarens vän att resa?

9. Varför tvekade författaren att delta i sin väns bröllopsceremoni?

www.ingramcontent.com/pod-product-compliance
Lightning Source LLC
LaVergne TN
LVHW010602160826
845677LV00013B/3220

* 9 7 9 8 3 5 3 5 9 5 1 6 8 *